SMART MOVES MANAGEMENT

"El éxito de las empresas suele darse cuando existen empleados y clientes comprometidos. John Thedford ha hallado la manera de encontrar y conservar a sus empleados ofreciendo a la vez un servicio excepcional a los clientes de su empresa. Su libro explica con gran detalle cómo conseguirlo."

—**MANNY GARCIA**, consejo de administración,
Burger King Corporation

"*SMART Moves Management* es una guía práctica y original que reaviva la pasión y las responsabilidades de los líderes. El enfoque innovador ysencillo de John, de liberar a los empleados para que gestionen su propio destino mientras dan servicio a los clientes a un nivel totalmente nuevo constituye una maravillosa inspiración para los líderes de todas las empresas."

—**SCOTT NORTHCUTT**, vicepresidente ejecutivo de
recursos humanos, DHL Global

"Más de uno ha intentado escribir libros de gestión empresarial y ha fracasado a la hora de presentar las mejores prácticas empresariales de manera sencilla y fácil de entender. En su libro, John Thedford lo ha conseguido y, al mismo tiempo, ha puesto a disposición de los lectores el modelo empresarial más sostenible y rentable que se conoce en la actualidad."

—**JIMMY HASLAM**, presidente y director ejecutivo, Pilot Oil

"¡Se trata de un gran modelo para alcanzar el éxito! John se ha centrado en la importancia de buscar un equilibrio entre el compromiso de los empleados, el compromiso de los clientes y las utilidades obtenidas por cada establecimiento."

—**MIKE O'DONNELL**, presidente y director ejecutivo,
Ruth's Hospitality

SMART
MOVES

SPANISH EDITION

CULTIVATING WORLD-CLASS
PEOPLE AND PROFITS

JOHN THEDFORD

RIVER GROVE
BOOKS

Publicado por River Grove Books
Austin, TX
www.rivergrovebooks.com

Distribuido por River Grove Books

Diseño y composición realizados por Greenleaf Book Group
Diseño de portada realizado por Greenleaf Book Group

Datos de catalogación de la editorial

Tapa dura (Inglés) ISBN: 978-1-934572-29-0

Tapa blanda (Español) ISBN: 978-1-63299-949-8

eBook ISBN: 978-1-63299-950-4

Primera edición

Dedicación

SMART Moves Management *está dedicado a los inversionistas, clientes y miembros pasados y presentes del equipo, en agradecimiento por el apoyo mutuo, el compromiso y la convicción de que cuando una empresa valora a todas las personas, se logran resultados.*
Son ustedes la prueba viviente.

CONTENIDO

CAPÍTULO 7

Equipos excepcionales: *¿Cómo forma sus equipos?* 127

CAPÍTULO 8

Empleados comprometidos: *¿Cómo mantiene a sus empleados tan satisfechos y productivos?* 151

CAPÍTULO 9

Clientes comprometidos: *¿Cómo conseguir clientes tan leales y rentables?* 165

CAPÍTULO 10

Crecimiento sostenible: *¿En qué punto alcanzan el nivel máximo los ingresos de sus tiendas?* 177

NOTA SOBRE LA TRADUCCIÓN

SMART Moves Management se publicó originalmente en inglés. Al adaptar el libro para nuestros lectores hispanohablantes, hemos mantenido el acrónimo *SMART*, y la frase correspondiente "*SMART Moves*" en inglés. A lo largo del libro, encontrará una serie de *SMART (Strategic Management Awareness Resource Training) Moves*. Estos son consejos que ofrecen una guía práctica a lo largo de cada paso de nuestra ruta estratégica de gestión empresarial.

S (Strategic) = Estratégica

M (Management) = Gestión empresarial

A (Awareness) = Concienciación

R (Resource) = Recursos

T (Training) = Capacitación

NOTA DEL AUTOR: POR QUÉ ESCRIBÍ *SMART MOVES MANAGEMENT*

Los conceptos e ideas para este libro surgieron durante el extenso y satisfactorio proceso que supuso dirigir Value Financial Services, una de las empresas con más éxito de su género. Soy un empresario, y no razono ni escribo de la misma manera que muchos, que se ocupan en gran medida de la teoría y la premisa. Pienso y actúo directamente en términos de lo que es factible y rentable para la empresa.

Durante mucho tiempo analicé también las mejores prácticas de muchas otras operaciones. Este libro reúne las iniciativas particulares que, en mi opinión, harán que cualquier empresa tenga éxito. Para ello, tenía cuatro públicos en mente cuando me senté a plasmar mis ideas en papel. Se trata de son los siguientes:

- **Sector empresarial en general:** Se trata de las empresas que realmente quieren ser las mejores y a las que no les importa cambiar para mejorar.

- **Posibles miembros del equipo:** ¿Qué mejor manera de atraer talento que disponer de una guía para el éxito empresarial que se desarrolle siguiendo los valores y estándares de nuestra empresa?

- **Miembros actuales del equipo:** Este libro también es una guía para los miembros de nuestro equipo, destinada a aclarar, codificar y mantener la cultura y la filosofía empresarial que ha sido una parte probada del éxito de nuestra empresa.

- **Socios comerciales:** Mi intención era que nuestros socios comerciales, proveedores, banqueros y cualquier otra persona que vaya a realizar actividades comerciales con nosotros supiera quiénes somos y cómo hemos alcanzado el éxito.

Sé que en el mercado abundan las guías didácticas, pero no veo que haya mucho que se pueda poner en práctica en esos libros. Es una pérdida de tiempo hablar de problemas sin pasar a la acción. En nuestra empresa, nuestra cultura nos ayuda a mantener el rumbo cuando hablamos de cambio, de modo que podamos actuar sobre todo aquello que pueda servir para mejorar nuestras operaciones comerciales.

Los medios de comunicación citan con frecuencia a directores ejecutivos de éxito como Jim Sinegal (Costco) para referirse a los factores que contribuyen al éxito de una empresa. Su tema central es sencillo y fácil de entender: Los empleados de base deben mantener la cultura, la filosofía empresarial y la disciplina corporativa que les permita hacer lo correcto una y otra vez sin sentirse desmotivados. Para lograr este objetivo, según añaden estos líderes empresariales, hay que contratar personal para alcanzar la excelencia en cada puesto. Así lo hago yo en mis asuntos empresariales.

Espero que mi libro sea de su agrado. Es fácil de leer y contiene información práctica. ¡Muchos éxitos en su camino hacia una mayor rentabilidad!

—*John Thedford*

TEST DE INTELIGENCIA SOBRE LAS CASAS DE EMPEÑO

ANTES DE EMPEZAR, LE RECOMIENDO QUE LEA EL SIGUIENTE TEST DE COCIENTE INTELECTUAL SOBRE LAS CASAS DE EMPEÑO. El test revela la percepción equivocada que tienen la gran mayoría de las personas ajenas a nuestra industria sobre las casas de empeño. Quizá se sorprenda.

- **¿Cuál es el tamaño habitual de los préstamos en las casas de empeño?**
  El préstamo habitual es de $180.

- **¿Qué porcentaje de los préstamos se desempeñan (se devuelven)?**
  Más del 80% de todos los préstamos se desempeñan.

- **¿Qué porcentaje de la población adulta de los EE. UU. no tiene ninguna relación bancaria?**
  El cuarenta por ciento de la población adulta de los EE. UU. no tiene ninguna relación con una entidad bancaria.

- **¿Cuál es el tamaño de la industria del empeño en los Estados Unidos?**
  El negocio del empeño es una industria de 11,000 millones de dólares.

- **¿Qué porcentaje de las transacciones de esta industria se efectúan con bienes robados?**
  Menos de una décima parte del 1% de las transacciones de empeño tienen que ver con bienes robados.

NUESTRA RUTA ESTRATÉGICA

LAS PERSONAS SON EL CORAZÓN DE NUESTRA FORTALEZA. No cualquiera, sino las personas adecuadas. Nuestra Ruta estratégica proporciona criterios y estándares bien definidos que nos permiten identificar, desarrollar y retener a las personas adecuadas. Piense en ello como la columna vertebral o la columna estructural que sostiene el cuerpo de nuestra empresa. A lo largo de esta Ruta estratégica hay costillas, o perfeccionamientos, llamados SMART Moves, que la completan aún más. Nuestra cultura corporativa pone carne en los huesos y da vida al negocio, para que podamos servir a nuestros clientes y recompensar a nuestros inversionistas.

Hemos aprendido mucho de Gallup Consulting, tanto siendo clientes como a través de sus obras publicadas. Con la debida autorización, hemos modificado la Ruta Gallup, del Apéndice A del libro *First, Break All the Rules (Primero, rompa todas las reglas)*, de Marcus

RUTA ESTRATÉGICA

RUTA HACIA EL AUMENTO SOSTENIDO
DEL VALOR PARA LOS ACCIONISTAS

Aumento del Precio
de las Acciones

Identificación de
Fortalezas

Aumento de las
Utilidades Reales

Estrategia de
Salarios Prósperos

Encaje
Perfecto

Crecimiento
Sostenible

Capacitación
Adecuada

Clientes
Comprometidos

Gerentes
Excepcionales

Empleados
Comprometidos

Grandes
Equipos

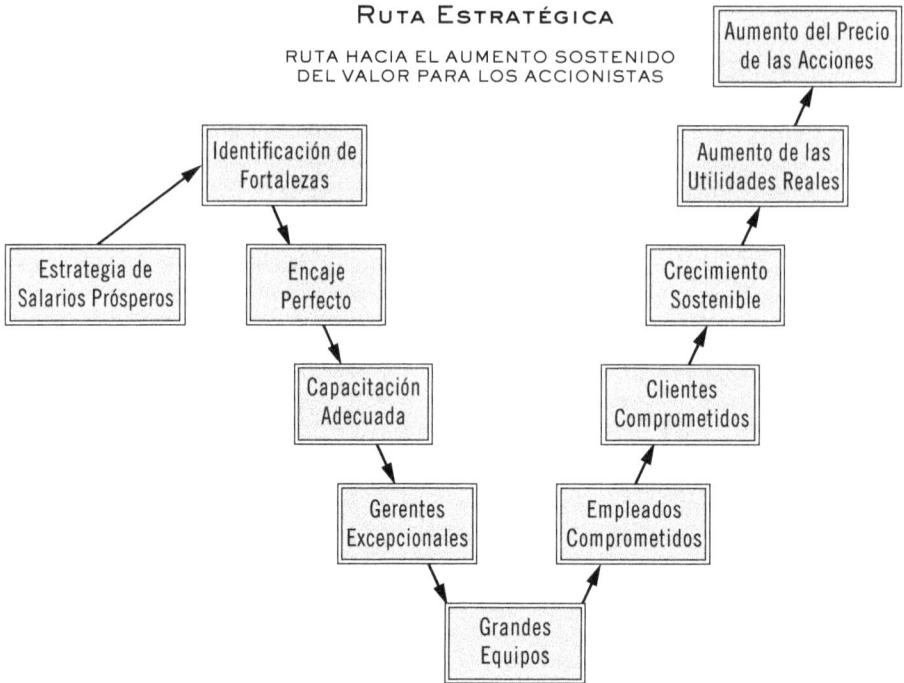

Buckingham y Curt Coffman, para uso propio. (Esta y otras muchas grandes referencias figuran en la Bibliografía al final de este libro). Gallup trataba de responder a la pregunta: ¿Cuál es el camino para aumentar de modo sostenido el valor para los accionistas? Pensando en el inversionista, la empresa proporcionó puntos clave a lo largo de una ruta prescrita hacia la rentabilidad. El párrafo introductorio de la descripción de *la Ruta Gallup* que se hace en el libro, dice así:

> A través de la investigación que examina los vínculos entre los elementos clave de una empresa sólida, la Organización Gallup ha desarrollado un modelo que describe la ruta entre la contribución individual de cada empleado y el resultado final de cualquier negocio: un aumento del valor global de la empresa.

Indirectamente, los autores hacen referencia al triángulo SMART Moves de elementos interconectados: empleados, clientes e inversionistas.

**Triángulo
SMART *Moves***

Empleados

Inversionistas

Clientes

NO SE TRATA DE UN MODELO, SINO DE UNA ECUACIÓN

¿Cuántas veces le han pedido que explique su modelo empresarial? En el fondo, este planteamiento es erróneo: el éxito empresarial no es un modelo. Es una ecuación de compatibilidad y química entre empleados comprometidos, clientes e inversionistas. Consideramos que nuestra Ruta estratégica y el Triángulo SMART Moves son mucho más que un modelo empresarial. Vemos una ecuación muy exitosa y significativa que producirá empleados comprometidos, que a su vez proporcionarán un servicio excepcional al cliente y ganarán tanto dinero para sí mismos y para la empresa que nuestros accionistas se maravillarán del resultado. Consideramos que se trata de una especie de química que se desarrolla entre los miembros de nuestro equipo y nuestros clientes. Para nosotros, la simple ecuación que nos dice que dos más dos es cuatro es lo mismo que seguir nuestra Ruta estratégica para aumentar los ingresos de todos, incluidos los de nuestros leales accionistas, que le tienen fe a esta ecuación tanto como nosotros.

Esta introducción comienza con una breve visión general de nuestra Ruta estratégica; los capítulos que siguen detallan cada punto a lo largo de la misma, cada recuadro mostrado en la página anterior. La mayor parte de los capítulos presentan varias SMART Moves, detalles que ilustrarán mejor nuestro enfoque. Considere nuestra Ruta estratégica como las reglas del golf que son válidas para cualquier golfista en cualquier campo. Por otro lado, las SMART Moves se asemejan a las reglas locales exclusivas de un campo concreto. Aportan profundidad a cada hito alcanzado de nuestra Ruta estratégica.

Tenga en cuenta que las SMART Moves también tienen referencias cruzadas en todo el libro, para lo que se usa una notación abreviada entre paréntesis. Por ejemplo: "(SMART Move 13)" indicaría una referencia a la "SMART Move 13: Contrate a los que tienen hambre, no a los que se mueren de hambre". Las referencias cruzadas son un práctico recordatorio y localizador de conceptos clave.

Con la ayuda y la orientación de nuestros SMART Moves, nuestro equipo directivo se encarga de diseñar, mantener y mejorar nuestra Ruta estratégica. La vida empresarial antes que desarrolláramos la Ruta estratégica era buena, ¡pero *con* la Ruta estratégica es *genial*! Joe Genovese, miembro del equipo, dice lo siguiente: "Si uno sigue la Ruta estratégica, el éxito es inevitable".

Nuestra Ruta estratégica es un camino recubierto de oro, y no únicamente para nuestra empresa. Es especialmente valioso para la fuerza laboral distribuida, como el comercio minorista, las sucursales bancarias, las empresas de alquiler de autos y otros grupos de trabajo aislados. Cada paso de nuestra Ruta estratégica forma parte de una decisión planificada y consciente en la que se ha invertido reflexión, errores, dinero y horas de trabajo a la hora de concebirla, diseñarla, desarrollarla y construirla. Aprendemos y mejoramos sin descanso a lo largo y ancho de nuestra Ruta estratégica, gracias a nuestra relación con Gallup Consulting y a nuestro tenaz deseo de *mejorar cada día*.

Como afirmaba Henry Ford, hay que guiar a los hombres hacia la prosperidad. Nuestra Ruta estratégica es nuestro medio para conseguirlo. Es un método desarrollado y diseñado minuciosamente que combina personas y procesos en un rendimiento de clase mundial en cada punto del Triángulo SMART Moves. Nuestra Ruta estratégica está marcada por una progresión de hitos clave. Cada punto conduce al siguiente para crear vínculos entre los elementos clave de una empresa sólida.

La entrada a nuestra Ruta estratégica es una *Estrategia de salarios prósperos*. Dentro de nuestra industria, pagamos los salarios más altos y ofrecemos el mayor potencial de revalorización salarial: es parte de nuestra misión. Muy pocos minoristas pueden compararse con el paquete de retribuciones y beneficios que ponemos a disposición de los miembros de nuestro equipo. Esto permite que podamos atraer a la empresa a un mayor número de candidatos con talento. Nuestros vendedores pueden aumentarse el sueldo tantas veces como quieran, porque su potencial de ingresos es ilimitado.

A continuación, en cada candidato y miembro del equipo buscamos la *Identificación de fortalezas*. Para ello, usamos una herramienta que nos permita desarrollar un concepto sólido de quién tendrá éxito en los distintos puestos de la empresa, basándonos en las fortalezas de cada individuo. Podemos colocar a un candidato donde se produzca un *Encaje perfecto* entre persona y puesto. Una vez que hemos contratado a la persona adecuada con las fortalezas adecuadas para el puesto adecuado, invertimos mucho en la formación adecuada para cada miembro del equipo. Esto implica trabajar con *Gerentes excepcionales* que impulsen a los miembros del equipo en su carrera y desarrollo profesional.

Los Gerentes excepcionales capacitan constantemente a los miembros del equipo en los aspectos cotidianos de nuestra actividad, familiarizándolos con cada paso de nuestra Ruta estratégica. Nuestra capacitación no se limita a la metodología de trabajo. Estamos formando a personas con espíritu emprendedor para que se conviertan en vendedores con una inclinación natural a pensar, actuar y tomar decisiones rápidas dentro de la estructura y la cultura del equipo. En este punto, solamente necesitan capacitación y experiencia en cómo hacemos negocios, centrada en la productividad personal y el trabajo en equipo. Como resultado, los compañeros de nuestro equipo están constantemente innovando e intercambiando las mejores prácticas. Como dice el rey Salomón en *Living the Message (El Mensaje)*, de Eugene H. Peterson: "Usas acero para afilar acero, como un amigo afila a otro".

Con lo invertido en estos cinco primeros pasos llegamos a la base de la marca de verificación: *Grandes equipos*. Nuestro objetivo es la excelencia en cada función y un gran equipo en cada tienda y departamento de la sede central. Cada esfuerzo que precede al nodo de Grandes equipos en la Ruta estratégica es una inversión realizada en productividad personal y formación de equipos. A partir de este punto, nuestro rendimiento de la inversión es sostenible y predecible. Un Gerente excepcional con un Gran equipo asimila, capacita y desarrolla a los empleados para que se conviertan en *Empleados comprometidos*: cada miembro del equipo es la persona adecuada en el puesto adecuado con los adecuados incentivos, hábitos y recompensas. Los Empleados comprometidos de un Gran equipo respaldado por un Gerente excepcional alcanzan de manera natural altos niveles de rendimiento. Las recompensas positivas, el sentido de competencia, los logros visibles y el reconocimiento claro se traducen en una elevada retención de empleados y en una reducción de los costos empresariales en cada rubro del estado de ingresos. De este modo, nuestra Estrategia de salarios prósperos se ve aún más recompensada.

Los Empleados comprometidos han demostrado ser rentables para nosotros porque atraen a *Clientes comprometidos*. Estos seguidores entusiastas de nuestra empresa se convierten en clientes habituales, un ejército de promotores activos que, gracias al boca a boca, atraen a sus familiares y amigos a nuestras tiendas. Nuestras relaciones positivas con los clientes generan un *Crecimiento sostenible* en términos de transacciones de clientes nuevos y existentes, y del rendimiento financiero que las acompaña. Así, una base de clientes leales y activos genera un *Aumento de las utilidades reales*, no por medio de adquisiciones y manipulaciones contables, sino debido a que el costo de la actividad comercial disminuye al tiempo que aumenta la frecuencia de las transacciones de los clientes. Este tipo de crecimiento endógeno significa que el valor fundamental de la empresa aumenta, lo que genera un *Aumento del precio de las acciones* para nuestros accionistas. A su vez, podemos mejorar aún más nuestra Estrategia de salarios prósperos, lo que nos permite realizar otra ronda de mejoras en todos los aspectos de nuestra Ruta estratégica.

MÁS QUE UNA MARCA DE VERIFICACIÓN

Además de los once hitos que aparecen en el diagrama que representa nuestra Ruta estratégica, hay otra lección más sutil. Cada hito a la izquierda de la marca de verificación es una inversión que nos conduce a Grandes equipos. Cada hito a la derecha de la marca crea un rendimiento de esa inversión. Nuestra Ruta estratégica requiere una inversión a la hora de seleccionar y equipar a los miembros del equipo para que aspiren y alcancen un éxito extraordinario, especialmente en comparación con sus colegas fuera de nuestra empresa.

Para nosotros, la Ruta estratégica no es un modelo teórico. Es nuestra manera de hacer negocios en cada momento de cada día. Una vez que comprenda cómo funciona nuestra Ruta estratégica y cómo influye en nuestra cultura corporativa, sabrá por qué y cómo obtenemos tan buenas puntuaciones en las evaluaciones nacionales referentes al compromiso de empleados y clientes. Únase a nosotros, conozca quiénes somos, cómo concebimos el éxito y qué hacemos para conseguirlo, su vida y su carrera se transformarán.

INTRODUCTION SUMMARY

PUNTOS CLAVE

- Nuestra Ruta estratégica es nuestro plan para ser los mejores, y se distribuye a todos los miembros del equipo. Esto crea claridad sobre nuestra definición de éxito y sobre cómo alcanzarlo.
- Nuestra Ruta estratégica centra nuestros esfuerzos de manera sistemática para identificar, desarrollar y valorar a nuestros colaboradores.
- Nuestra Ruta estratégica es una representación visual de la integración de nuestros valores, el método de valorar a las personas y la creación de riqueza.

CAPÍTULO 1

RESULTADOS: ¿CÓMO LOS CONSIGUEN?

El rendimiento de sus tiendas es excepcional y la rotación de personal es la más baja que he visto. Ahora, explíqueme cómo lo han conseguido.

Tom Morris, Orlando, Florida, ejecutivo de marketing jubilado de Sears

"¿En serio? ¿Cómo los consiguen?".

Esta es la pregunta más frecuente que nos hacen las personas ajenas a nuestra empresa una vez que descubren nuestros constantes resultados de clase mundial en rentabilidad, compromiso de los empleados y compromiso de los clientes. La respuesta corta: valoramos a las personas. La respuesta más amplia se encuentra en las páginas de este libro. Nuestros resultados constantes se consiguen a base de ser fieles a nuestra Ruta estratégica y a una serie diaria de disciplinas de refuerzo y alineación denominadas SMART Moves. En otras palabras, nuestros resultados esperados se deben al diseño, no a la casualidad.

Para muchos en el mundo empresarial, lo único que realmente importa son los resultados. Los resultados son reveladores, es cierto, pero ofrecen una figura incompleta. Abra el *Wall Street Journal* y podrá leer los precios de apertura y cierre de las acciones; esto le indica lo que ha sucedido con el precio de las acciones ese día, pero no dice nada sobre la empresa y su personal. En la sección local de deportes aparecen los resultados de los partidos de béisbol, pero la increíble doble jugada ganadora del partido no forma parte de la crónica. Los resultados informan, pero no cuentan la historia.

Con *SMART Moves Management*, irá más allá de los resultados, más allá de los titulares y los momentos destacados. Se adentra en la historia. Nuestro negocio está ahora diseñado y documentado con una ideología y un enfoque centrales que sirven de base a nuestros sistemas empresariales y a nuestra cultura corporativa, para crear una experiencia de cliente de clase mundial y un alto rendimiento para los inversionistas.

EL TRIÁNGULO SMART MOVES

Los tres grupos de personas más importantes en la vida de nuestra empresa son nuestros empleados, nuestros clientes y nuestros inversionistas, en ese orden. La interacción de estos grupos cuenta la verdadera historia de nuestra empresa. Los resultados para los accionistas se forjan a través de una plataforma empresarial que recompensa la productividad de los empleados, el trabajo en equipo y la rentabilidad. Esto se persigue en el contexto de dar servicio a clientes que regresan a la tienda y recomiendan a sus familiares y amigos. En presencia de una cultura corporativa adecuada, la búsqueda inquebrantable de la obtención de utilidades exige lo mejor de cada miembro del equipo para que todos podamos ganar, pero no unos a costa de otros.

En la página siguiente se muestra el Triángulo SMART Moves que representa la interdependencia dinámica de estos tres grupos objetivo. Para que una organización alcance su máximo potencial, cada uno de los vértices del Triángulo debe ser próspero. A lo largo de *SMART Moves Management,* este patrón emerge repetidamente.

Seguramente recuerde el juego llamado Piedra, papel o tijeras. El objetivo del juego es simplemente determinar un ganador y un perdedor. También recordará que se juega así: la piedra rompe las tijeras, las tijeras cortan el papel y el papel cubre la piedra. En muchas empresas, el juego se desarrolla de manera competitiva entre empleados, clientes e inversionistas, y cada uno de ellos intenta ganar la partida. Enfrentar a unos grupos contra otros puede darle una ventaja temporal a un grupo, pero da lugar a un clima empresarial y un rendimiento poco saludables en el que todos pierden, aunque piensen que están ganando.

A diferencia del juego de Piedra, papel o tijeras, tenemos una relación entre empleados, clientes e inversionistas. Se trata de un verdadero medio de crear beneficios para todas las partes interesadas. Requiere que cada jugador comprenda y aprecie profundamente las contribuciones únicas de los otros grupos, un profundo sentido del dar y recibir, y el deseo de construir y participar en algo más grande que uno mismo. La codicia es el enemigo de este sistema, mientras que generar utilidades mutuamente es el aceite que mantiene todas las partes en movimiento. En cuanto una de las partes "entra a matar" y tiene éxito, se desbarata el poder del Triángulo SMART Moves de crear ganancias para todos.

Triángulo SMART *Moves*

Empleados

Inversionistas

Clientes

Mantener el triángulo puede parecer un delicado acto de equilibrio. En realidad, una vez desarrollado, es un sistema de liderazgo y desarrollo empresarial muy estable y extraordinariamente productivo.

En pocas palabras, esto es lo que dice el Triángulo: si los empleados están satisfechos, es más probable que los clientes estén satisfechos, nos den más dinero y les hablen de nosotros a sus amigos. Esto, a su vez, aumenta los ingresos, reduce los costos, aumenta la rentabilidad y hace felices a nuestros inversionistas. Los inversionistas recompensan a los empleados con mejores salarios, beneficios y oportunidades. Esto, obviamente, hace que los empleados estén aún más contentos, y así el ciclo del Triángulo va en aumento. Lo más sorprendente de este sistema

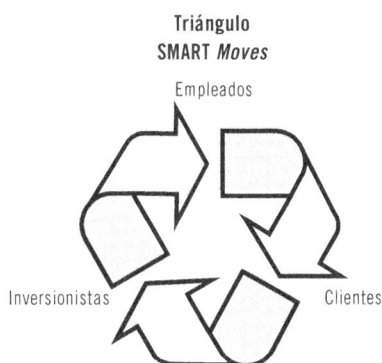

es la responsabilidad que debe tener cada grupo para con los demás. El interés propio debe moderarse siguiendo la regla de oro de la vida: "Tratar a los demás como a uno le gustaría que lo trataran" (SMART Move 32).

TRES MEDIDAS DE LAS PARTES INTERESADAS

Cuando nos centramos primero en las personas, el resto de la empresa se convierte en un ejercicio de manejo de detalles. Esto incluye tres elementos: compromiso de los empleados, compromiso de los clientes y las utilidades por tienda. La medición de cada uno de estos elementos proporciona la imagen más fiel de nuestro rendimiento pasado y futuro, lo que nos permite garantizar una rentabilidad sostenible y aumentar el valor para los accionistas.

Para cada medida, un tercero realiza una auditoría de nuestros resultados para poder estar seguros de que no nos estamos engañando a nosotros mismos. Nuestro auditor financiero externo, RSM McGladrey, Inc., empresa líder en contabilidad e impuestos, determina las utilidades por tienda. Para medir el compromiso de empleados y clientes, contratamos a Gallup Consulting, una división de Gallup, Inc., conocida sobre todo por la encuesta Gallup. Esta consultoría única dentro de la familia de empresas Gallup se especializa en la gestión de empleados y clientes para informar a los líderes sobre cómo mejorar el rendimiento empresarial. Gallup nos ha prestado un servicio magnífico desde 2003, pues nos ha permitido perfeccionar y acelerar lo que ya estábamos dispuestos a hacer. (No tiene sentido reinventar la rueda, sobre todo porque se trata de una rueda ampliamente validada).

La importancia vital del Triángulo SMART Moves para nuestra empresa era intuitiva y el triángulo se fue perfeccionando a base de duras pruebas y lecciones. En 2002, leí el libro *First, Break All the Rules (Primero, rompa todas las reglas)*, de Marcus Buckingham y Curt Coffman, de Gallup Consulting. Descubrí que su investigación, pensamiento y métodos confirmaban nuestras observaciones, experiencia y esfuerzos. La ventaja de recurrir a expertos externos es que ellos han estudiado una situación repetidamente, mientras que nosotros quizá nos hayamos enfrentado a ella una o dos veces. Si bien nosotros podemos ver solo los problemas, los consultores ven el panorama más amplio y la causa de los problemas. Esta perspectiva "global" me

**Triángulo
SMART *Moves***

Empleados

Inversionistas

Clientes

ayudó a controlar los tres reflejos más importantes de nuestros resultados sostenibles: el compromiso de los empleados, el compromiso de los clientes y las utilidades por tienda.

1. *El compromiso de los empleados* es un indicador interno del sentido de la importancia, la realización, la pertenencia y la competencia de los miembros del equipo en el trabajo. Empleados con un alto grado de compromiso tienden a atraer a los clientes a través de una experiencia de cliente más satisfactoria, y esto se vincula directamente con la rentabilidad.

2. *El compromiso del cliente* es una medida a largo plazo que indica lealtad, respaldo y experiencia de marca. Un alto nivel de compromiso de los clientes apunta al bienestar externo y a la buena voluntad, lo que también se vincula directamente con la rentabilidad.

3. *Las utilidades por tienda* reflejan la integración adecuada del equipamiento de los empleados y el buen trato a los clientes, sin dejar de ser fieles a los accionistas que asumieron los riesgos de crear la empresa y que se mantienen firmes con nuestro enfoque. Las utilidades por tienda son también un indicador ideal de la productividad y la eficacia operativas.

Todo esto puede sonar fácil en teoría, pero la pregunta ¿cómo lo consiguen? vuelve a surgir, esta vez centrada en nuestra cultura corporativa.

Cuando Gallup nos presenta su informe, compara nuestras cifras de compromiso de empleados y clientes con su amplia base de datos de más de 8 millones de encuestados. Ambas métricas se reducen a un percentil comparado con las respuestas de Gallup en todas las industrias y países, a partir de siete décadas de trabajo con más de diez mil clientes. Entre las empresas participantes figuran The Ritz-Carlton Hotel Company, The Walt Disney Company, Starbucks Corporation, Best Buy y Chick-fil-A, por citar solo algunas. Nos enorgullece que nuestros logros estén a la altura de estas marcas de talla mundial.

Veamos ahora cuál es el resultado de los informes sobre el compromiso de los empleados, el compromiso de los clientes y las utilidades por tienda.

- **Compromiso de los empleados:** Nos situamo en la categoría "Mejores prácticas" de Gallup en lo que respecta a compromiso de los empleados. Esto significa que estamos situados en el 16% superior de todos los clientes encuestados, un estatus que hemos alcanzado cada año desde 2003, el año en que empezamos a trabajar con Gallup Consulting. Nos situamos en el percentil 84, justo por debajo de la categoría "Clase mundial", que comienza en el percentil 90. Con todo, estamos mejorando constantemente y estamos seguros de que en unos años entraremos en la categoría "Clase mundial" de Gallup.

- **Compromiso del cliente:** Gallup nos califica como "Clase mundial" (en el 10 por ciento superior) en cuanto a compromiso del cliente, con una clasificación en el percentil 92. La evaluación externa de Gallup convalida lo que estamos haciendo y contribuye a que mejoremos aún más. Nuestros clientes son seguidores devotos, y nosotros nos dedicamos a seguir mejorando nuestra posición entre los mejores del mundo.

- **Utilidades por tienda:** Nuestra empresa ha sido la cadena de casas de empeño más rentable del mundo por tienda y en términos de rendimiento de la inversión. Ningún competidor que cotice en bolsa se le acerca. No somos únicamente líderes del sector en utilidades por tienda, sino que llevamos la delantera. En otras palabras, nuestros empleados se desempeñan donde más importa: cara a cara con los clientes en la tienda. Para no quedarse atrás, nuestro equipo de la sede central aporta sistemas y conocimientos para que los miembros del equipo de campo sean eficaces y eficientes en nuestras tiendas. Nuestros accionistas ven recompensada su inversión.

Estoy orgulloso de estos resultados y los pregono independientemente de si converso con futuros empleados, inversionistas potenciales, otros directores ejecutivos y empresarios, analistas y comentaristas de Wall Street o entrevistadores de medios de comunicación.

UN MODELO DE MIL MILLONES DE DÓLARES

Para una empresa de gran crecimiento y potencial como la nuestra, *SMART Moves Management* es el modelo a seguir para un futuro negocio multimillonario. Esa es la visión.

SMART Moves Management codifica e ilumina una parte significativa de nuestro modelo empresarial y de la cultura de la empresa a medida que se integran a lo largo de lo que llamamos nuestra Ruta estratégica: un sendero bien definido, documentado y medido que conduce a la condición de filiación dentro de nuestra empresa. Somos rigurosos en nuestra selección y expectativas de rendimiento, empezando por nuestros empleados pero incluyendo también a clientes e inversionistas. Una gran parte de este libro está dedicada a describir este medio de transformación para guiar repetidamente a hombres y mujeres comunes hasta convertirlos en extraordinarios profesionales.

Nuestra Ruta estratégica es una inversión fundamental en el crecimiento sostenible y la rentabilidad de esta empresa y de su personal. Esta comprensión sucinta de lo que nos lleva al éxito proporciona un núcleo duradero pero flexible para nuestro futuro. Si es usted un lector con ansias de una oportunidad empresarial en un entorno de ritmo rápido, competitivo y gratificante que fomente el verdadero servicio y el respeto, entonces es bienvenido en nuestra empresa.

Hablemos de dinero. En primer lugar, pagamos un salario suculento y ofrecemos un excelente paquete de beneficios. ¿Se siente motivado a trabajar más para ganar más dinero? Gracias a nuestro plan de compensación basado en el rendimiento, algunos de nuestros vendedores obtienen sustanciosos ingresos. Muchos gerentes de tienda se llevan a casa un sueldo de seis cifras. Compárelo con otros minoristas en los que un "dependiente" de primera línea gana apenas por encima del salario mínimo. Nuestros vendedores empiezan ganando más del doble del salario mínimo y reciben formación inmediata para aumentar sus ingresos ofreciendo un excelente servicio al cliente. También tienen la posibilidad de ganar aún más a través de nuestros programas de comisiones y bonificaciones. Como se suele decir, buscamos a unos cuantos hombres y mujeres de bien.

Aquellos lectores ajenos a nuestra empresa llegarán a comprender que lo que tenemos es un modelo empresarial de clase mundial tan sólido, dinámico, expandible y con capacidad de respuesta como la mayoría de las empresas con las que se pueda topar. Mi esperanza es que otros empresarios se sientan inspirados para pensar más profunda e intencionadamente sobre su cargo, ya sea delante de una recepción, un departamento de ventas, una tienda, una caja registradora o la presidencia de la empresa.

Los concesionarios de autos usados y las casas de empeño suelen tener una "estima" similar. CarMax redefinió la categoría del negocio de los autos usados; nosotros llevamos más de una década redefiniendo la categoría de las casas de empeño. Nos comprometemos a ser buenos vecinos y ciudadanos corporativos responsables dondequiera que abramos una tienda. También creemos en la importancia de participar activamente en las iniciativas de la comunidad local. Es el modo correcto de vivir ... y resulta que es bueno para el negocio. La mejor manera de describir nuestra posición en este negocio es decir que somos el Ritz-Carlton del sector de las casas de empeño. Recuerde, nos enfocamos en los miembros de nuestro equipo y nuestros clientes, y esto impulsa nuestra rentabilidad año tras año.

Este es un panorama sencillo de nuestros resultados. Sin embargo, está usted invitado a ir más allá de los resultados, a conocer a las personas y los métodos de nuestra empresa. El Triángulo SMART Moves es reflexivo, no prescriptivo; es decir, es una representación de a quién pretendemos servir, no un retrato estricto de ninguna función concreta que deba seguirse. No pase por alto este punto esencial: *SMART Moves Management* trata de nuestra estrategia de recursos humanos y se basa en una creencia sincera en el valor y el mérito inherentes de las personas. Así que si se ha estado preguntando, ¿cómo los consiguen? siga leyendo y aprenderá exactamente cómo.

RESUMEN DEL CAPÍTULO

PUNTOS CLAVE

- Los resultados financieros reflejan por sí solos el rendimiento pasado. Sin embargo, es más fácil predecir el rendimiento financiero futuro basándose en las valoraciones de los clientes y los empleados.
- El Triángulo SMART Moves está representado por empleados, clientes e inversionistas. Las métricas que utilizamos para determinar nuestro éxito son el compromiso de los empleados, el compromiso de los clientes y las utilidades por tienda.

CAPÍTULO 2

ESTRATEGIA DE SALARIOS PRÓSPEROS: ¿QUE SU SALARIO INICIAL POR HORA ES CUÁNTO?

Los recortes salariales no reducen los costos, más bien los aumentan. La única manera de obtener un producto de bajo costo es pagar un alto precio por un servicio humano de alta calidad y asegurarse, a través de la gestión, de que se obtiene ese servicio.

Henry Ford, *Today and Tomorrow* (*Hoy y mañana*)

SEGÚN NUESTRA MISIÓN DE EMPRESA, CONTAREMOS CON "LOS MIEMBROS DE EQUIPO MEJOR PAGADOS Y MÁS ADINERADOS DE LA INDUSTRIA". ¡Y en efecto así es! En este caso, los resultados reflejan la verdad, alto y claro. No solo lo afirmamos en nuestra misión de empresa, sino que lo planificamos, lo medimos y lo llevamos a la práctica. Para nosotros no son simplemente palabras escritas. Las materializamos.

La Estrategia de salarios prósperos es realmente una estrategia más que un programa, un plan de compensación o una iniciativa. Este marcador principal de nuestra Ruta estratégica revitaliza toda la marca de verificación. El objetivo es que nuestro personal reciba un salario generoso con un potencial en aumento que se base en el rendimiento

ESTRATEGIA DE
SALARIOS PRÓSPEROS

Aumento del Precio
de las Acciones

Identificación de
Fortalezas

Aumento de las
Utilidades Reales

Estrategia de
Salarios Prósperos

Encaje
Perfecto

Crecimiento
Sostenible

Capacitación
Adecuada

Clientes
Comprometidos

Gerentes
Excepcionales

Empleados
Comprometidos

Grandes
Equipos

personal, además de ofrecer el respaldo de una empresa sólida en un entorno empresarial.

Los ingresos son personales, y eso lo entendemos. Sabemos que los empleados bien remunerados que se comprometen con su trabajo a lo largo del tiempo desarrollan una experiencia que contribuye al rendimiento y los beneficios de la empresa. Por ello, la remuneración en función del rendimiento debe expresarse en términos claros, comprensibles para todos y fáciles de calcular.

En la mente de la mayoría de los empresarios está arraigada la idea de recompensar el éxito con aumentos salariales. Nosotros también creemos en las recompensas. (No es por presumir, pero el hecho de ser elegido para formar parte de nuestro equipo es de por sí una recompensa). Sin embargo, los aumentos salariales de nuestros vendedores se determinan en función de su rendimiento. Contratamos a los que tienen hambre, no a los que se mueren de hambre (SMART Move 13);

los miembros de nuestro equipo tienen hambre de ganar y producir, y a través de su trabajo crean su propio calendario de aumentos.

Sin embargo, a diferencia de otras empresas, nosotros partimos de un salario base alto. La base de nuestra Estrategia de salarios prósperos es el pago base por hora. El salario digno estadounidense de $6.55/hora, establecido el 24 de julio de 2008, revela que el término salario digno es un término poco apropiado que usan los políticos para referirse a "apenas salir adelante económicamente". Tanto el salario mínimo como el salario digno son conceptos erróneos y sin sentido que mantienen los salarios bajos en lugar de elevarlos. En comparación, nuestro pago por hora inicial para los nuevos vendedores es al menos el doble del salario mínimo, posiblemente más, dependiendo del mercado, además de bonificaciones basadas en el rendimiento que normalmente ascienden a entre $3 y $4 adicionales por hora. Tenemos vendedores con bonificaciones que ganan más de $85,000 al año.

En nuestra empresa, usted forma parte de un equipo de unas diez personas en una tienda del vecindario que atiende a una clientela de los alrededores a la que a menudo llama por su primer nombre. No solo se le paga bien, sino que además es respetado y querido porque es capaz de ayudar a los demás. Sí, es en las transacciones donde ganamos dinero. Sin embargo, las relaciones que se establecen en torno a las transacciones son la base de nuestro negocio.

Queremos que los miembros de nuestro equipo ganen el mayor dinero posible. El dominio de su profesión genera el éxito de la empresa. El dominio genera dinero y ahorra dinero en todos los aspectos de la empresa. La capacitación produce dividendos de por vida para cada miembro del equipo.

Los miembros del equipo que llevan mucho tiempo en la empresa están altamente capacitados, tienen talento y son aptos para el trabajo. Los cazatalentos de otros minoristas se interesan mucho en contratar a nuestro personal. Recientemente, una cadena minorista nacional presionó a una de nuestras mejores vendedoras para que se incorporara como gerente de tienda. Esta empresa la endulzó con un puesto, beneficios y una prometedora carrera en ascenso. "No tienes por qué trabajar en una casa de empeño", fue su gran argumento final.

Inevitablemente, surgió el tema de la remuneración. Ella reveló lo que ganaba y fue recibida con incredulidad. Sus talones de pago confirmaron lo que decía. La oferta de trabajo de gerente de tienda se habría traducido en un recorte salarial considerable con respecto a sus ingresos actuales como empleada por hora. Para igualar su remuneración actual, habría necesitado al menos dos ascensos para convertirse en gerente regional, un puesto que exigía viajar mucho. Mientras tanto, en nuestra empresa obtiene un sueldo estupendo, tiene una semana laboral habitual, duerme en su propia cama todas las noches, es reconocida por su talento, su confianza y sus logros; obtiene ventajas y disfruta de un programa de beneficios ampliamente superior.

Nuestra estrategia salarial dio sus frutos de manera defensiva en este caso. Su renuncia habría provocado una rotación de personal no deseada, que podría habernos costado cientos de miles de dólares de rentabilidad a lo largo de varios años, por no hablar de la invalorable inspiración, liderazgo y capacitación que proporciona a los vendedores de toda la empresa.

Algunos podrían argumentar el hecho de que la remuneración suele ser un factor menos importante para motivar a los empleados. Esto refleja una falta de comprensión de la influencia que tienen las personas en cada línea de la declaración de ingresos de la empresa. ¿Por qué no ofrecer un trabajo interesante, una sensación de satisfacción y un salario próspero con potencial de crecimiento? En realidad, es algo básico. Sin embargo, casi todos los candidatos que entrevistamos están mal remunerados para nuestros estándares. La alta rotación es la queja más común en el sector minorista, así como el problema más caro al que se enfrenta ese sector. Una estrategia de salarios bajos es la raíz del problema.

La Estrategia de salarios prósperos también proporciona una posición ofensiva que nos permite atraer a nuestra empresa a personas con un talento excepcional. Es decir, nos permite ser extraordinariamente selectivos a la hora de contratar.

En nuestras tiendas no abundan los "novatos" de alto costo que no pueden hacer el trabajo. Por el contrario, contratamos a personas que hemos considerado capaces de adoptar nuestra manera de hacer negocios. De antemano, a cada miembro del equipo se le considera digno y capaz de rendir mucho más allá del potencial de una persona estándar. La primera recompensa para los recién contratados es el simple hecho de que se les ofrezca un puesto. A partir de ahí, tienen acceso a toda una serie de oportunidades.

SMART MOVE 1
Use la Estrategia de salarios prósperos en beneficio propio.
Ponga a la persona adecuada en el puesto adecuado y páguele lo que vale en función de su rendimiento.

"¿De dónde sacó la idea de su Estrategia de salarios prósperos?" es otra pregunta frecuente. Este planteamiento surgió en un momento en que la empresa estaba al borde de la muerte, gracias al dolor de haber estado a punto de entrar en bancarrota hacía una década. Fue una lección "aprendida a palos", reafirmada por los libros que leía en aquella época. Tal vez la lección no estaría tan inextricablemente arraigada en nuestra estrategia si no tuviera las cicatrices de esta difícil etapa, y si no hubiera encontrado esas aseveraciones y reflexiones en mis libros.

Corría el año 1998 y, con las cuarenta tiendas existentes, todo iba en viento en popa y creciendo. Una inyección de capital nos permitió abrir rápidamente cuarenta nuevas tiendas y duplicar así nuestro tamaño. Este crecimiento fue demasiado rápido. La estructura de la deuda y los fondos propios no era la adecuada y los intereses de los préstamos agobiaban a la empresa. Las finanzas se descontrolaron y nuestro banco suspendió nuestra línea de crédito. El pago de la planilla era una lucha semanal contra el banco a fin de conseguir $350,000 de quien fuera, inversionistas, familiares, amigos, proveedores, a fin de cubrir la planilla. Estuvimos en modo de supervivencia durante casi tres años. Teníamos ochenta tiendas y nadie nos ayudaba. De hecho, todo el mundo nos estaba abandonando. Los inversionistas huyeron repentinamente. Los banqueros se lanzaron a los depósitos y lanzaron demandas. Incluso altos cargos de la empresa dijeron que estábamos acabados.

El consejo de todos fue recortar los salarios. Sin embargo, este tipo de pánico nunca ha tenido sentido para mí. Simplemente necesitábamos volver a los pilares de nuestro negocio. Teníamos líderes regionales y tiendas, muchísimas tiendas, que no marchaban bien. Muchos de los jefes de región habían sido ascendidos de gerentes de tienda pero estaban en el nivel equivocado o cobraban como jefes de región pero no estaban plenamente capacitados para ello. Dos de mis mejores antiguos gerentes eran ahora jefes de región, pero necesitaba que cada uno de ellos volviera a dirigir una tienda.

Al sopesar las opciones, descubrí que la necesidad de resultados rápidos implicaba una reorganización del talento. Esos dos líderes regionales serían más valiosos dirigiendo una tienda, incluso con su elevado salario actual, ya que sin lugar a duda producirían beneficios. Del mismo modo, algunos de los mejores vendedores trabajaban como gerentes de tienda, pero tenían dificultades. Del mismo modo, estas personas podían hacer el trabajo de ventas y préstamos porque tenían un historial probado de rendimiento. Era lógico desde el punto de vista empresarial contar con personas capaces y bien remuneradas que trabajasen conforme a sus fortalezas.

Había descubierto cómo poner mis tiendas en buenas manos.

¿Por qué no pagarles a todos su salario actual, pero volver a colocarlos donde pudieran ganar, y *a lo grande*, tanto ellos como la empresa?

Había que reubicar a las personas, pero manteniendo su salario e incentivándolas para que ganaran aún más dinero. Este demostró ser el remedio para salir de la crisis financiera. En resumen, la estrategia era sencilla: Colocar a la persona adecuada en el puesto adecuado y pagarle lo que vale además de una parte de lo que aporta. Respetar el puesto y dejar que la gente brille como superestrellas.

Nuestro vicepresidente de operaciones pensó que el plan de reposicionamiento era absurdo. Dijo: "Ninguna de estas personas aceptará un recorte de puesto y funciones". De hecho, lo que quería era despedir a las personas que no daban más de sí en sus funciones actuales, pero que habían demostrado ser ganadores en puestos anteriores. Él no daba por válidas ninguna de estas ideas, porque apreciaba poco la difícil situación de sus empleados. Cada individuo estaba luchando, no se estaba divirtiendo, y en efecto podría quizá aprovechar la oportunidad de retomar las fortalezas conocidas. Así que en lugar de seguir el consejo del vicepresidente, lo despedí por no valorar a las personas y procedí a reubicar a todo el mundo donde se había demostrado que triunfaban. ¡Y funcionó!

Fue entonces cuando me di cuenta de que, en conjunto, los salarios altos para el puesto adecuado y tener a la persona adecuada en un puesto de alto rendimiento no crean problemas, sino que permiten salir de ellos. El ser humano resuelve problemas y aprovecha las oportunidades; poner a trabajar la mente resulta rentable. Colocar a personas con talento y muy bien remuneradas al frente de nuestras tiendas tuvo tanto éxito que decidí extender la Estrategia de salarios prósperos a todos los sectores de la empresa.

Leí *The Loyalty Effect (El efecto lealtad)* allá por 1999, cuando estaba metido en todo este lío. El libro no dejaba de hacer referencia a los libros de Henry Ford, así que empecé a leerlos. En esencia, Ford se enfrentó a luchas similares a principios del siglo XX con Henry Ford Company. Ford dijo: "Voy a duplicar los salarios y a traer a la mejor gente que podamos encontrar para cada puesto de trabajo, desde un conserje hasta un ingeniero pasando por un ejecutivo de alto nivel". Aumentó el jornal promedio de dos a cinco dólares y vio cómo se disparaba la rentabilidad. Pensé: "He ahí la receta", así que la apliqué con ahínco.

Aunque Ford creó un imperio industrial, las generaciones posteriores lo desmantelaron al alejarse de sus métodos y su genialidad. Curiosamente, Toyota copió a Henry Ford al detalle, y hoy es el número uno del mundo automotor en casi todos los aspectos positivos.

A decir verdad, esta herida profunda en la empresa a finales de los años 90 dio lugar a nuestra Estrategia de salarios prósperos. En retrospectiva, es fácil ver por qué es el único camino a seguir: Es hacer lo correcto por las personas en lugar de aprovecharse de ellas. ¿Por qué no reunir a los mejores y permitirles que inviertan su ingenio y talento, de hecho, sus vidas, en el crecimiento de la empresa? ¡Los salarios altos sí funcionan!

SMART MOVE 2

Anticipe una rotación de personal favorable y combata la que es perjudicial.

La *rotación de personal favorable* se produce cuando un miembro del equipo que no se ajusta a nuestros valores y estándares de rendimiento es retirado de la empresa. La *rotación de personal perjudicial* se produce cuando renuncia un miembro del equipo que es productivo y es un Encaje perfecto por razones que podemos controlar; esto es extraordinariamente perjudicial para la rentabilidad.

Los empleados dejan a los gerentes, no a las empresas. Se ha invertido tanto dinero en el reto de retener a los buenos empleados, en términos de mejores salarios, mejores beneficios y mejor capacitación, que cuando se tiene un problema de rotación de personal, hay que mirar primero a los gerentes.

Marcus Buckingham y Curt Coffman, *First, Break All the Rules*
(*Primero, rompa todas las reglas*)

En el caso de una *rotación de personal favorable*, la persona simplemente necesitaba buscar un nuevo futuro para poder usar su talento y sus fortalezas en un terreno nuevo. Esto es bueno para ambas partes. Sin embargo, una excesiva rotación de personal favorable puede indicar un posible fallo en algún punto del proceso de selección, un posible problema sistémico. Esto significaría que la empresa tiene un problema aún mayor que el que provoca un solo empleado.

Por otro lado, hay que evitar *la rotación de personal perjudicial.* El costo de una rotación de personal perjudicial repercute directamente en la rentabilidad e indirectamente en cada elemento de la declaración de ingresos. No hay ninguna razón para que se produzca una rotación de personal perjudicial en nuestras tiendas.

Algunas rotaciones de personal son inevitables. Perderemos a grandes miembros de nuestro equipo por situaciones de la vida que escapan a nuestro control o incluso al del empleado. En estos casos, solo podemos lamentar la pérdida de un colega y desearle lo mejor en sus proyectos futuros.

El análisis mensual de la rotación de personal por parte de nuestro equipo directivo nos ayuda a detectar tanto las tendencias favorables como las perjudiciales. Trabajamos para ir más allá de las cifras y llegar a lo que realmente está ocurriendo. Esta evaluación nos proporciona un sistema de alerta temprana sobre la rentabilidad real sostenible. Si un gerente tiene problemas de rotación de personal con los vendedores, es posible que sus prácticas y procedimientos de contratación requieran un repaso, un curso recordatorio o, en todo caso, una ayuda suplementaria del departamento de capacitación para poner remedio a este patrón negativo.

Existe una correlación directa entre la continuidad del gerente de tienda y la rentabilidad. La rotación de personal es, en este sentido, uno de nuestros principales indicadores de la rentabilidad. En otras palabras, la continuidad de gerentes competentes es el factor más importante para mantener la rentabilidad. Según afirma Frederick F. Reichheld en *The Loyalty Effect (El efecto lealtad)*

En la mayor parte de las industrias que hemos analizado, las empresas con las tasas de retención más elevadas son también las que obtienen mejores utilidades. La retención relativa permite explicar las utilidades mejor que la participación en el mercado, la escala, la posición de costos o cualquiera de las demás variables que suelen asociarse a la ventaja competitiva. También explica por qué las técnicas tradicionales de gestión a menudo resultan contraproducentes de forma tan caótica.

Se hace una inversión considerable en gerentes porque el retorno de la inversión es ilimitado. Antes de ser nombrado gerente de tienda, los candidatos reciben un largo programa de capacitación que puede durar entre doce y veinticuatro meses. Durante este tiempo, aprenden el negocio desde la perspectiva tanto de un vendedor como de un asistente de gerencia antes de aprender cuál es el rol de gerente de tienda. No hay atajos para obtener la calificación cuando los estándares y las medidas son exigentes. Los resultados lo demuestran.

Nuestra inversión en gerentes, sin embargo, se paga como una anualidad a lo largo de la carrera del gerente con nuestra empresa. Somos la empresa más rentable del sector por tienda. Nuestros ingresos netos medios por tienda en 2008 fueron de casi $480,000. De entre nuestros competidores que cotizan en bolsa, el más cercano rondaba los $225,000 y el competidor más bajo los $150,000. Superamos a nuestro competidor más cercano en un 55 por ciento y al más lejano en un 130 por ciento.

Como indica el Cuadro de continuidad de gerentes de tienda de la página siguiente, los gerentes que llevan menos de un año al frente de una de nuestras tiendas obtienen en promedio $375,000 en ingresos netos a nivel de tienda. En pocas palabras, nuestros gerentes más recientes superaron los ingresos netos promedio de las tiendas de nuestro competidor más cercano. ¡Atraemos a los ganadores! Y eso es solo el principio. El rendimiento de nuestros gerentes sigue mejorando a medida que hace efecto la magia de la pericia, y los ingresos netos inician un espectacular ascenso a medida que aumenta la continuidad. Nuestros gerentes que llevan más de tres años en la misma tienda superan a las de nuestro competidor más cercano ¡en un 194%!

CUADRO DE CONTINUIDAD DE GERENTES DE TIENDA

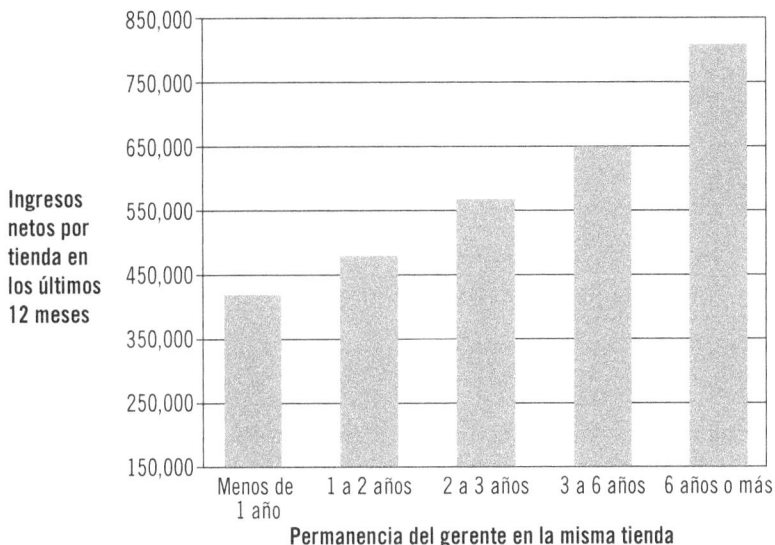

No hay límites impuestos por la empresa respecto al crecimiento de una tienda. Por ejemplo, en 2008, una de nuestras tiendas de Atlanta, dirigida por un gerente que lleva siete años con nosotros, generó unos ingresos netos de más de un millón de dólares. Pisándole los talones a Atlanta, se encontraba un gerente en West Palm Beach, con diez años de experiencia, y otro en Orlando, con nueve años de experiencia, con unos ingresos netos de más de $900,000 respectivamente.

La continuidad rinde grandes beneficios. El Cuadro de continuidad de gerentes relata la dramática historia de mantener a las personas en la misma tienda. Aclaremos lo que entendemos por continuidad: el mismo gerente en el mismo local durante mucho tiempo. La continuidad es diferente a la permanencia. La permanencia es la duración del empleo dentro de la empresa; la continuidad es la duración del servicio en la misma tienda. En los contados casos en los que hemos trasladado a un gerente, ha sido por una razón de peso. Los gerentes tienden a echar raíces en la tienda de su comunidad, como lo haría cualquier dueño de una pequeña empresa. Sus clientes pueden contar con que estarán en la misma tienda día tras día. La continuidad es una manera elegante de decir que las relaciones, la confianza, la historia y la experiencia son muy importantes para el alma humana y para la rentabilidad. También indica que no se puede cambiar de personal sin sufrir pérdidas.

Me parece desconcertante que tantos minoristas y empresas se sientan obligados a usar lo que llaman "rotación de gerencia". Esta denominada "buena práctica" hace rotar a los gerentes de tienda con el pretexto de mantenerlos al día, ampliando su experiencia y ofreciéndoles capacitación en tareas múltiples. Si quiere mantenerlos al día, ¡no les dé un trabajo aburrido! Ofrézcales la oportunidad de cultivar una experiencia profunda y un sentido de pertenencia. Deles libertad para entablar relaciones, dar servicio a los clientes y rodearse de un gran equipo. No los desarraigue y luego se pregunte por qué les falta constancia y compromiso. Echar raíces habla de nuestro personal.

Perder a gente de calidad es mortal para cualquier organización. La rotación de personal perjudicial es el enemigo de nuestro negocio y un cáncer para nuestra Ruta estratégica. La pérdida de miembros productivos del equipo por razones que están bajo nuestro control es una desgracia. Contratamos a personas para toda la vida y hacemos una importante inversión inicial en su capacitación y desarrollo. La rotación de personal acorta el fruto de esa inversión.

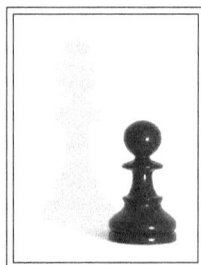

SMART MOVE 3
No fije salarios máximos para ningún puesto.
No ponga límites al potencial de ingresos de ningún ser humano. Esta práctica no beneficia ni a la persona ni a la empresa.

No puede haber un salario "estándar". Nadie en este mundo sabe lo suficiente como para fijar un salario estándar. La idea misma de un salario estándar presupone que el ingenio y la función administrativa han llegado a su límite.

Henry Ford, *Today and Tomorrow* (*Hoy y mañana*)

No ponemos límites al potencial de ingresos de los miembros de nuestro equipo. A medida que una persona añada valor a nuestros clientes y, a su vez, a nuestra empresa, esa persona debe poder participar en el valor creado. Nuestro potencial de ingresos ilimitado significa que el rendimiento siempre se ve recompensado. Hacemos que merezca la pena que los mejores se queden con nosotros.

Queremos a las personas más capaces y brillantes que sean el Encaje perfecto para nuestra empresa. Los topes salariales y los bonificaciones harán que los más capaces y brillantes abandonen la empresa en busca de su propio beneficio. ¿Por qué desalentar a las personas emprendedoras negándoles recompensas por su excelencia? No tiene sentido, sin embargo, lo escucho todo el tiempo, especialmente en las empresas dedicadas a la venta.

Sin embargo, las gratificaciones deben ir acompañadas de disciplina. Todo gran deportista sabe que la disciplina genera libertad, innovación y un rendimiento inigualable. La razón por la que un gimnasta puede "lograr una salida perfecta" radica en la disciplina necesaria para alcanzar el siguiente nivel de rendimiento. Formamos a los miembros del equipo para que alcancen un mayor nivel de dominio y, al igual que los deportistas, sean capaces de sorprendernos a todos haciendo lo que se creía imposible. Su creatividad e innovación se benefician de las nuestras. Los límites no son más que eso: obstáculos a la productividad, al éxito real y a la obtención de mayores ingresos. Eliminar los límites en los ingresos abrirá el camino a un rendimiento sin precedentes.

La innovación es un elemento cotidiano en nuestra empresa y, francamente, da gusto verla. Solo quienes piensan intensamente en mejorar su salario, rendimiento y servicio al cliente pueden hacer lo que nuestra gente consigue. La sede central puede establecer las "mejores prácticas" sobre el terreno, pero en realidad, solo podemos dejar espacio para que nuestros empleados transmitan el aprendizaje, las ideas y las lecciones que nacen de las victorias y las derrotas reales. Somos una empresa muy social porque sabemos que las mejores iniciativas se comparten a menudo durante una cena de equipo o simplemente pasando tiempo juntos.

La experiencia me ha enseñado que la administración rara vez concibe innovaciones de primera línea. La principal innovación de la administración consiste en buscar mejores medios para fomentar un entorno propicio a la adopción de riesgos y la creación de valores. Luego polinizamos las mejores ideas y ejemplos en toda la empresa y reconocemos el rendimiento notable. La administración no inspira, sino el buen rendimiento.

SMART MOVE 4
Retribuya a la persona, no al equipo, por su rendimiento.

A pesar de las intenciones más nobles hacia los trabajadores individuales, los incentivos financieros a nivel de equipo recompensan inevitablemente a los holgazanes y castigan a los que sí producen.

Este es un aspecto importante de nuestra Estrategia de salarios prósperos. No tenemos incentivos financieros a nivel de equipo para nuestros vendedores, sino que todos los incentivos se basan en el rendimiento individual. Un incentivo grupal basado en el rendimiento individual corre el riesgo de confundir y desalentar la excelencia personal. Las acciones a nivel de equipo son injustas para nuestros vendedores el 100% de las veces. (A los gerentes, sin embargo, se les retribuye en función de los ingresos netos de la tienda mensualmente, lo que se considera un indicador de su rendimiento individual). A pesar de las intenciones más nobles, este sistema premia con demasiada frecuencia a los perezosos y castiga a los perseverantes. La empresa es la que sale perdiendo, y eso significa que los empleados son los que saldrán perdiendo. No hay que jugar con la productividad personal y la retribución.

Esta lección se remonta a principios de la década de 1620 y a los peregrinos. Tras desembarcar en Plymouth Rock, vivieron en un ambiente de mancomunidad en el que todos "se beneficiaban" de lo que producía la comunidad. La distribución se basaba en las necesidades. Fue un desastre sin paliativos que llevó a una hambruna generalizada, no por los crudos inviernos, sino por las terribles condiciones humanas. El gobernador William Bradford escribió en *Of Plymouth Plantation (De la plantación de Plymouth)* acerca de sus experiencias en aquellos primeros años, afirmando que se descubrió que el sistema de la mancomunidad "engendraba mucha confusión y descontento y retrasaba muchos empleos que podrían haber resultado beneficiosos y gratificantes". Continúa diciendo: "Los jóvenes, que eran más capaces y aptos para el trabajo, se quejaban de tener que dedicar su tiempo y sus fuerzas a trabajar para las esposas y los hijos de otros hombres sin recibir recompensa alguna". En otras palabras, los escasos incentivos personales producían poca comida y suscitaban hostilidad dentro de la colonia.

Para remediarlo, según Bradford, la colonia ideó un nuevo sistema de producción que consistía en usar la propiedad privada asignada a cada familia para su cultivo personal. Lo que se cultivaba, se conservaba, se intercambiaba o se vendía. Los resultados hablaron por sí solos. Bradford afirma que el cambio "resultó todo un éxito, ya que hizo que todos se volvieran muy laboriosos, y así se cultivó mucho más maíz del que se habría cultivado de otro modo". Los incentivos personales modificaron el comportamiento: "Las mujeres ahora iban de buena gana al campo y se llevaban a sus pequeños para sembrar maíz; antes alegaban debilidad e incapacidad". Al abandonar el enfoque comunal, los peregrinos nunca más se enfrentaron a la hambruna. Prosperaron social, económica y espiritualmente. Y así nació una nueva nación.

Incluso la teología de Bradford se vio modificada gracias al planteamiento de la propiedad privada. En un artículo de *National Review Online,* James S. Robbins informa: "Bradford creía que la nueva medida era un reflejo mucho más exacto de la voluntad de Dios. Aquel que había hecho a los hombres diferentes, que les había dado distintas habilidades para que las emplearan de la manera que Él quería". Los escritos de Bradford son una visión notable del funcionamiento social de los seres humanos enfrentados a dificultades extremas. Cuando más nos necesitamos unos a otros, tendemos a actuar en nuestro propio interés inmediato, incluso en detrimento de nuestra autoconservación a largo plazo.

Dado el actual panorama socioeconómico y político de privilegios, solo cabe preguntarse si se ha perdido la lección colonial de los peregrinos. Conversaban con sus vecinos sobre qué métodos funcionaban y cuáles no para producir la cosecha. Intercambiar ideas es lo que hacen las personas decentes y solidarias. Imagínense a un grupo de estos peregrinos sentados comentando lo bueno y lo malo de la reciente cosecha. Así es como Bradford veía la nueva colonia, y esto es lo que les funcionó.

Este sistema de competencia y cooperación en equilibrio también funciona para nuestros vendedores. Todos los vendedores disponen de una caja de efectivo desde la que gestionan y hacen crecer el negocio. Por supuesto, a nuestros empleados les gusta competir entre ellos, pero tan solo con el fin de animarse a conseguir victorias aún mayores. La competencia tiende a sacar lo mejor de las personas, pero cada miembro del equipo es consciente de que depende de los demás para dar servicio a sus clientes, mantener la tienda y crear un ambiente acogedor. Se necesitan unos a otros para crear una cultura ganadora.

Los gerentes son como William Bradford en el sentido de que supervisan la eficacia general de una tienda. Se les paga en función del rendimiento del equipo, y deben mantenerlo en funcionamiento. Tienen la misión de mantener unidas a las personas que trabajan en la misma tienda pero al margen de una caja privada.

En lugar de tener incentivos financieros grupales, un plan de compensación que imita un fallido sistema comunal de producción, creemos en la importancia de la productividad personal desde las primeras líneas de nuestras tiendas.

SMART MOVE 5
Mida la productividad individual.
Nuestro "denominador económico" es lo que llamamos productividad". Todos los que trabajan en el área de operaciones de tienda y en administración de personal de línea tienen un objetivo de productividad personal establecido por escrito que se mide semanalmente.

Nos llamó la atención una manera especialmente perspicaz de percepción económica que alcanzaron todas las empresas que van de buenas a estupendas: la noción de "denominador económico". Piénselo en términos de la siguiente pregunta: Si pudiera elegir una sola proporción, utilidades por x, que aumentara sistemáticamente con el tiempo, ¿qué x tendría el mayor y el más sostenible impacto en su maquinaria económica?

Jim Collins, *Good to Great* (*De lo bueno a lo genial*)

La productividad comienza con nuestros vendedores, las personas que están en contacto directo con el cliente; cada uno tiene un objetivo de productividad individual. Los vendedores son dirigidos por un asistente de gerencia o un gerente, que cobra en función de los resultados acumulativos de la tienda. Un jefe regional cobra en función de los resultados acumulativos de las tiendas a su cargo. El director de operaciones supervisa a todos los jefes regionales y cobra en función de los resultados acumulativos de todas las tiendas. A su vez, el consejo de administración confía en mí, como director ejecutivo, para asegurarse de que las operaciones de las tiendas y el personal de la sede central produzcan un sólido rendimiento de la inversión. Basta decir que mis incentivos están ligados a los resultados globales de la empresa.

Para el vendedor, no alcanzar el objetivo de productividad establecido inicia una serie de acontecimientos preprogramados que, en última instancia, pueden desembocar en el despido por incumplimiento del propio objetivo. Es un sistema muy objetivo, pero no despiadado. Señala los problemas con rapidez, por lo que llegamos a su origen en cuestión de días en lugar de semanas o meses. Los problemas no tienen mucho tiempo para quedar sin resolver porque hay una demostración clara de cómo han perjudicado al negocio. A menudo, los nuevos empleados se quedan atónitos al saber que el seguimiento de los objetivos de productividad se realiza prácticamente en tiempo real. Nuestros vendedores están informados de este estándar concreto y saben que el resultado final beneficia a todos. Está diseñado para que todos salgan ganando, ¡y a todos nos encanta *ganar*!

Este enfoque numérico puede parecer fuera de lugar e incluso frío en una cultura corporativa que se enorgullece de su amabilidad. Pero no confundamos frialdad con responsabilidad. En primer lugar, estas reglas básicas de medición se establecen desde el principio en el proceso de contratación. En segundo lugar, se trata de mínimos muy objetivos fijados en niveles realistas. Gracias a la solidez de nuestra Ruta estratégica, sabemos a qué atenernos. Estamos todos en el mismo equipo. Este sistema depende de que cada uno ponga de su parte. Si una persona no rinde sistemáticamente, tenemos que prescindir de ella o todo el sistema perderá integridad. Si alguien no hace el trabajo para el que fue contratado, es injusto pedir a otros miembros del equipo de alto rendimiento que protejan a alguien que no rinde. Por último, si alguien no está teniendo éxito con nosotros, lo más lógico es que esa persona se marche en busca de una nueva oportunidad en la que pueda tener más posibilidades de triunfar. Esta mentalidad de "corazón duro" funciona.

Hagamos números para que vea cómo se combinan el aprendizaje, la capacitación y la productividad para elevar nuestros resultados. A continuación se muestran los objetivos reales de productividad de nuestros vendedores en los últimos cinco años.

METAS SEMANALES DE PRODUCTIVIDAD DE LOS VENDEDORES

2003	$5,000
2004	$6,000
2005	$7,000
2006	$8,000
2007	$11,000
2008	$12,000

Lo que salta a la vista es el crecimiento de la meta a lo largo de los años. Uno podría pensar erróneamente que se trata del método de la vieja escuela de "gestión basada en metas". Por el contrario, estas metas reflejan una mejora general de la empresa, principalmente como resultado de contar con personas de Encaje perfecto. Estas metas también se aplican tanto a nuestros vendedores más recientes como a los más veteranos. A medida que mejoran todos los aspectos de nuestro modelo empresarial y se consolida nuestra cultura de empresa, atraemos a personas más adecuadas para nuestro equipo y con más probabilidades de éxito. Nuestra capacitación sigue mejorando y los prepara mejor para sobresalir y aprender rápidamente. Nuestros vendedores más recientes suelen sobrepasar las metas mínimas de productividad en cuatro o cinco semanas.

Establecer las expectativas por escrito es lo correcto; de este modo, los vendedores siempre saben a qué atenerse. Solo cuando está plasmado por escrito se convierte en "real".

Veamos los detalles. Esta es la meta de productividad para 2008:
$12,000 "por encima y por debajo" del estándar: Si no se alcanzan los
$9,000 en seis de trece semanas, llega una carta diciendo que hay que
mejorar. Si no se alcanzan los $9,000 en ocho de trece semanas, se le
despide o se le reubica en un puesto más adecuado. Por otro lado, si se
superan los $15,000, se obtienen bonificaciones. Cada año se ajusta el
objetivo de productividad en función de nuestras expectativas. Como
resultado, ¡mejoramos cada día!

Nos dedicamos a ayudar a que las personas tengan éxito y a superar
con creces los niveles mínimos. En la actualidad, nuestros vendedores de
mayor rendimiento producen de $30,000 a $44,000 en productividad
semanal. Piénselo: una persona genera entre $1,560,000 y $2,288,000
al año desde su propia caja (sin contar dos semanas o más de vacacio-
nes). Desde esta perspectiva, es una estadística asombrosa.

En nuestro sistema de metas de productividad disponemos de un
método que proporciona una rápida retroalimentación, una excelente
capacitación y una elevada compensación, y que establece un estándar
razonable para una continuidad laboral. Medir el rendimiento individual cada semana es un método eficaz.

SMART MOVE 6
Tenga un plan de compensación sencillo.

El plan de compensación sencillo que ofrece nuestra empresa significa que cada miembro del equipo puede averiguar fácilmente
cómo ganar dinero para la empresa y cómo esto repercute en su
pago semanal de comisiones. Saber inmediatamente en qué posición se encuentra uno con respecto a los objetivos de rendimiento
personal en cada momento es una postura y un incentivo poderosos
para cada persona.

Los planes de compensación complejos crean confusión hasta que se completan los cálculos y se contabilizan, normalmente mensual o trimestralmente. Los afectados pueden llegar a sospechar que se está manipulando alguna especie de "caja negra" programada para quitarles lo que les corresponde. Los sistemas complejos de retribución se parecen mucho a la declaración de impuestos al fisco. Por mucho que uno intente ser honesto y franco, siempre hay una vocecita en el fondo del cerebro que dice: "*Ojalá que no haya errores*".

En definitiva, nuestro negocio implica una transacción detallada de gran volumen y de bajo costo entre un prestamista y un prestatario. Es preciso cumplir la normativa gubernamental, realizar un papeleo exhaustivo, comprobar los números de serie y tomar las huellas dactilares. Hay un alto costo por transacción, que tiene que ajustarse a tarifas comparables. No obstante, los miembros del equipo tienen que ser de mente ágil con los clientes. Las computadoras no nos dan valores; simplemente nos ayudan a realizar cálculos. La decisión final recae en una persona de carne y hueso, por lo que trabajamos para que el plan de compensación sea sencillo.

Al final de un día, una semana o un mes de transacciones, todos los empleados saben al céntimo en qué situación se encuentran. Para los miembros de nuestro equipo, pocas cosas son tan alentadoras como la sensación de estar al tanto de la caja y los ingresos en todo momento. Los empleados pueden irse a casa por la noche sabiendo no solo lo que han ganado ese día, sino también lo que deben hacer al día siguiente. Este enfoque autogestionado funciona, especialmente con los miembros de nuestro equipo más emprendedores.

Los resultados de todos los miembros del equipo de tienda se publican semanalmente. En nuestra cultura competitiva, cabe pensar que el rendimiento personal se compara con el de los compañeros.

SMART MOVE 7
Los salarios no son un gasto individual. Los salarios altos reducen costos.

Recortar los salarios para producir rentabilidad es un artificio puntual con consecuencias negativas a largo plazo. Pagar un salario próspero y esperar más de su personal aumentará la productividad y producirá más rentabilidad.

Adquirir mano de obra es como adquirir cualquier otra mercancía: hay que asegurarse de que el dinero valga la pena.

Henry Ford, *Today and Tomorrow* (*Hoy y mañana*)

Henry Ford tenía razón. Cuando la administración paga un salario próspero a las personas que están al servicio del cliente, el accionista sale ganando. Si la administración saca rentabilidad de los bolsillos de las personas que dan servicio al cliente, la sostenibilidad de la empresa disminuye drásticamente. Los miembros del equipo (o "mano de obra", como decía Ford) son el componente esencial para que una empresa funcione. Recortar salarios para obtener rentabilidad puede reportar beneficios limitados a corto plazo, pero tiene consecuencias negativas a largo plazo.

Sin embargo, la mayoría de los empresarios con los que me encuentro en la actualidad dirían que el pensamiento de Ford es contrario a la intuición; esto se debe a que administran los rubros contables de la declaración de ingresos en lugar de considerar el negocio en su conjunto. Se han perdido las perspectivas macroeconómicas y sociológicas sobre la interconexión de los empleados, el rendimiento y la rentabilidad. La ausencia en la mayoría de las organizaciones de algo parecido a nuestra Ruta estratégica significa que el potencial del Triángulo SMART

Moves se convierte en una oportunidad perdida. Esta relación no se gestiona ni se mide, por lo que la mediocridad se impone.

Nuestra empresa, en cambio, ofrece una oportunidad única de obtener un salario próspero más las ganancias en ascenso. Nos dedicamos a conducir a las personas hacia la prosperidad. Descontar salarios solo descuenta rentabilidad.

No somos los únicos con este enfoque. Una de las empresas que más admiro es Costco. El salario medio de sus empleados es de $26/hora. Es aproximadamente el triple del salario mínimo nacional. Si usted es comprador habitual de Costco, se dará cuenta de que las mismas personas trabajan en la misma tienda desde hace años. Costco es consciente de la continuidad en las tiendas y sus prácticas fomentan la permanencia en la empresa. La empresa se ahorra un dineral en costos de rotación de personal al tiempo que aumenta el compromiso y la fidelidad de los clientes. ¿Es rentable la fidelidad? Por supuesto. Las ventas mensuales de Costco publicadas en el *Wall Street Journal* demuestran que es una empresa ganadora dentro del sector minorista de manera constante.

Dado que nuestro servicio es positivamente proactivo, mantener contentos a nuestros empleados es bueno para el negocio. Nuestros vendedores reciben una gratificación por la atención que prestan a los clientes, y nuestros clientes desarrollan una confianza que los hace regresar una y otra vez. Exigimos a nuestros vendedores que anoten los nombres y los datos de contacto de las transacciones. Por otra parte, llegan a conocer a los clientes, sus familias y sus necesidades. Los miembros de nuestro equipo son, en cierto modo, compradores personales. Nuestro inventario cambia constantemente y los clientes no pueden estar al día de lo que hay en las tiendas. Si su vendedor sabe que usted quiere un iPad de Apple y hay uno disponible, recibirá una llamada invitándole a que venga a comprarlo o a reservarlo. Si ha empeñado un artículo y está a punto de perderlo por falta de pago, recibirá una llamada de cortesía recordándole que debe recuperarlo. Es increíble la cantidad de personas que se olvidan de recuperar sus empeños; sin nuestra llamada, podrían perder algo que realmente querían conservar.

Los salarios bajos implican un rendimiento reducido, mientras que los salarios altos establecen una expectativa elevada. Los salarios altos fomentan un mayor nivel de productividad, lo que beneficia a todos los interesados.

SMART MOVE 8
Use el pago semanal como un gran motivador.

La remuneración es una parte importante de cualquier acuerdo laboral. Además de tener claro cómo pagamos a los miembros de nuestro equipo, nuestra empresa también toma las medidas necesarias para asegurarse de que se les pague a todos correctamente y en el plazo previsto.

Pagar lo correcto, puntualmente y en el menor plazo posible es la virtud de una empresa de éxito. No hay sustituto para este tipo de política en ninguna empresa.

Nuestra experiencia previa nos demuestra que pagar semanalmente es, sin duda, la mejor manera de hacerlo. El pago semanal permite que todos nuestros empleados tengan claro el modo de pago, el período correspondiente y cómo se pagan las bonificaciones o las comisiones. Cada miembro del equipo puede predecir cuánto cobrará cada semana simplemente observando su productividad individual y su salario base. Esto supone una gran herramienta de motivación para todos.

Pagar con menor frecuencia que semanalmente puede dar lugar a confusiones y malentendidos. También puede crear sentimientos de duda en la mente de quienes están esperando el pago de bonificaciones o comisiones. El sistema de comisiones por productividad personal puede perder gran parte de su valor motivador para los miembros del equipo si el pago se realiza tan solo una o dos veces al mes. Sencilla-mente, no hay ninguna buena razón para no operar de esta manera.

Nuestra filosofía es pagar siempre en el plazo más breve posible, semanalmente, para que cada miembro del equipo pueda centrarse en lo que puede ganar en el futuro en lugar de preguntarse cuánto cobrará dentro de dos o tres semanas. En pocas palabras, funciona.

SMART MOVE 9
Recuerde que somos profesionales.
Nuestra cultura de aprendizaje es integral, y la capacitación nunca termina. Cuando las personas descubren los motivos por los que su trabajo marca la diferencia y el modo en que lo hace, y conectan ambos aspectos de manera significativa, obtienen una importante ventaja ganadora.

De un ingeniero civil se espera un sólido conocimiento de las leyes del movimiento de Newton y una firme comprensión de ciertos prin-cipios de física y matemáticas. De un médico se espera que tenga un conocimiento amplio de química orgánica y anatomía. De un abogado de empresa se espera que conozca el derecho constitucional y el Código Uniforme de Comercio. En resumen, usted sabe que estos profesionales tienen un conocimiento sistemático y profundo de los principios sobre los que se basa su profesión y conforme a los cuales funciona.

Por otro lado, es probable que no espere que un vendedor o gerente de una tienda esté versado en principios prácticos y prácticas de negocios, liderazgo de ventas y administración. Todos los miembros de nuestro equipo son empresarios profesionales. No son empleados de comercio minorista encerrados en una vida sin sentido como meros engranajes de una empresa. Muchos de nuestros homólogos minoristas ven a las per-sonas como un gasto necesario en el rubro contable de la declaración de ingresos, cuando en realidad las personas son la esencia misma de lo que hace que la declaración de ingresos produzca en resumidas cuentas.

En 2008, nuestras tiendas alcanzaron en promedio unos ingresos totales de casi 2 millones de dólares cada una. Cada tienda funciona como una pequeña empresa, y cada gerente de tienda obtiene unos ingresos comparables a los del dueño de una pequeña empresa, que pueden ser de cinco o seis cifras. Sin embargo, nuestros gerentes de tienda no asumen todo el riesgo empresarial y la carga de trabajo, y cuentan con el apoyo de toda nuestra organización.

En el mundo de los negocios, la gran mayoría de las personas reciben capacitación en el puesto de trabajo en función de la tarea que desempeñan, pero a menudo no se les han enseñado los principios subyacentes. Saben cuáles son sus deberes y responsabilidades, pero no necesariamente los principios que contribuyeron a crearlos. Como dice el viejo adagio, es como si le diéramos a alguien pescado para que pueda comer un día en lugar de enseñarle a pescar para que pueda alimentarse toda la vida.

Contratar a un "novato" al precio más bajo arruina el servicio minorista y, a la larga, acabará con el negocio. Conozco establecimientos que contratan a alguien como ayudante de administración una semana y al día siguiente lo ascienden a gerente de tienda. ¿Cómo puede alguien conocer la cultura y los métodos de un negocio en menos de dos semanas? Los estándares de contratación poco rigurosos reflejan una actitud arrogante hacia las personas. Esta mentalidad elitista es destructiva en todos los niveles de la organización.

Estamos formando una legión de profesionales y empresarios prósperos. El éxito depende de estar versado de modo general en negocios y economía, y en particular en las particularidades de nuestra industria. Los empresarios informados son más aptos para tomar mejores decisiones empresariales y mejorar así su contribución y valor a la empresa. La recompensa está asegurada. A su vez, una mayor contribución se traduce en menores costos, mejor servicio al cliente y mayores ganancias para toda la tienda y la empresa. Esto significa que podemos atraer a personas incluso mejores perpetuando nuestro salario próspero.

SMART MOVE 10

Ponga en práctica el "exceso de personal"; nunca es tan costoso como la falta de personal.

Contratamos a las personas adecuadas cuando las encontramos, no únicamente cuando las necesitamos. El llamado exceso de personal crea tiempo productivo para pensar, planificar y dar servicio al cliente.

Mantener más personal del necesario puede generar mayor rentabilidad si la administración se ocupa de que el tiempo de los empleados se use con sensatez. De hecho, esta estrategia de administración resulta más económica que la falta de personal, porque se atiende al cliente más a menudo y con mayor esmero. Este es uno de las SMART Moves más difíciles de entender para el empresario típico, al que se le enseña a gestionar los costos de personal de manera rigurosa. No se trata de fomentar el despilfarro. La verdadera prioridad es la capacidad de servir y mejorar cada día.

Poner personal adicional en el calendario no significa que vayan a permanecer inactivos cuando los clientes no están en la tienda. Nuestros empleados y gerentes disponen de numerosas alternativas productivas, todas ellas encaminadas a mejorar las operaciones y las condiciones de trabajo. El tiempo de inactividad de los miembros del equipo se invierte sabiamente en llamar a los clientes, planificar una promoción, organizar un escaparate, limpiar el interior de la tienda, recoger la basura del estacionamiento, recibir capacitación, etc.

Contratar más personal del necesario también significa que contratamos a personas de Encaje perfecto cuando las encontramos, no solamente cuando las necesitamos. Nuestro riguroso proceso de selección dedica tiempo a entrevistar, evaluar, contratar y capacitar a las personas adecuadas. Mantener un personal numeroso que esté preparado para la expansión o la rotación de personal imprevista es una práctica diseñada para aumentar la rentabilidad. Si contratamos solo cuando tenemos vacantes, nos quedamos rezagados y tratando de ponernos a la par constantemente.

Sin duda, contratar más personal del necesario es una decisión difícil para los gerentes de tienda encargados de cumplir los objetivos de ingresos netos, porque una contratación "adicional" da la impresión de que los gastos serán más elevados, pero que no se traducirán en una mayor rentabilidad. No obstante, la mejora del servicio al cliente, la continuidad de los empleados y la reducción del estrés contribuyen a aumentar la rentabilidad. Mientras que otros gerentes pueden perder mucho tiempo ajustando los horarios del personal en función de la afluencia de clientes, los nuestros no lo hacen; optamos por contratar más personal, lo que libera al gerente para que pueda estar con los miembros del equipo y los clientes en lugar de microgestionar los turnos.

La administración del hotel Marriott tiene un concepto que denomina "la hora del mármol". El área de recepción cuenta con más personal del necesario para que los gerentes y el personal de recepción tengan tiempo de situarse en el lado de la recepción dedicado a los huéspedes (donde está el mármol) y prestar servicios de atención al cliente de manera aleatoria o indicar qué empleados están disponibles para atenderlos. El hecho de pasar al otro lado de la recepción ofrece al gerente una perspectiva diferente de lo que ocurre en el hotel mientras los huéspedes entran y salen.

Según escribe un profesor de Harvard Business School en la publicación *Harvard Business Review* (marzo de 2008), "Mis investigaciones demuestran que un mayor número de empleados está relacionado con una mejor ejecución entre bastidores en lugares como la trastienda, y que los establecimientos con una mejor ejecución obtienen mayores utilidades". Esto puede deberse a que contratar más personal proporciona un margen cómodo que juega a favor del cliente. Los clientes comprometidos hablan y se lo cuentan a sus amigos. ¡Contratar más personal es la clave!

SMART MOVE 11
Aplique la curva de experiencia al rendimiento.

Ya sea que se trate de lanzar una pelota de béisbol, realizar una operación de corazón o llenar una solicitud de préstamo, cuanto más se hace una actividad, más rápido, mejor y más eficiente se vuelve uno. ¡La práctica hace al maestro! Así funciona la "curva de la experiencia".

La "curva de aprendizaje" es un principio económico que suele aplicarse a la producción de bienes tangibles. Cuando el concepto se aplica a personas que aprenden nuevas destrezas, como la prestación de un servicio como el corretaje de empeños, se denomina "curva de experiencia". Cuanta más experiencia tenga una persona al realizar un trabajo, más competente será. Esa persona tiende a cometer menos errores y a buscar maneras de mejorar la productividad. Esto tiene el efecto de reducir el costo global de los servicios, lo que significa un aumento de la rentabilidad global. Por lo tanto, los empleados con experiencia suelen suponer el menor costo de mano de obra, lo que hace que la fidelización de los empleados sea la clave de la rentabilidad. De ello se deduce que los empleados altamente experimentados y productivos son los más rentables. Esta es la razón por la que nuestra empresa ha desarrollado su práctica de participación en las utilidades a través de comisiones y bonificaciones, lo cual invita a los empleados a buscar ganancias de productividad a través de la innovación.

Un vendedor será productivo a las pocas semanas de completar nuestro programa de orientación inicial. A lo largo de los meses siguientes, seguirá aprendiendo sobre los distintos tipos de productos, establecerá relaciones con los clientes y se sentirá más cómodo realizando diversas transacciones. El dominio del puesto, en lugar de limitarse a dominar la mecánica, requiere experiencia, y entendemos que se necesita tiempo para que la persona se familiarice con todo.

Hemos aprendido que se necesitan unos veinticuatro meses en un programa de capacitación antes de que un nuevo gerente de tienda llegue a sentirse plenamente competente. Consulte una vez más el Cuadro de continuidad de gerentes de tienda (página 29) como recordatorio del poder financiero de la curva de experiencia. La permanencia de los gerentes en la misma tienda es un factor decisivo para predecir los ingresos netos de la tienda y para compensar a los gerentes. Como disponemos de esta información, podemos informar a los gerentes nuevos sobre lo que pueden esperar en el futuro. De hecho, este conocimiento nos reconforta a todos y respalda la idea de que la paciencia tiene recompensa. Cuando un gerente de tienda no alcanza las cifras habituales de la tienda, emitimos una advertencia temprana de que pueden ser necesarias medidas correctivas para ayudar al gerente a retomar el rumbo. Esta unión de compañeros por antigüedad y continuidad ha demostrado ser inestimable; nuestra visión del rendimiento atrae, desarrolla, retiene e inspira a nuestros gerentes. Un gerente que confía en el proceso y se esfuerza puede esperar importantes recompensas económicas y reconocimiento.

Nuestra empresa aplica la curva de experiencia a la hora de contratar, capacitar y ascender a los miembros del equipo, especialmente en lo que se refiere a medir el desarrollo de nuestros gerentes. Examinamos a cada miembro de nuestro equipo de tiendas y de la sede central y comparamos su rendimiento con el de sus homólogos. Esta evaluación nos permite considerar de un modo distinto el desempeño de un gerente que solo lleva tres meses en su puesto que el de otro que lleva varios años en la administración.

En algunos casos, es necesario clasificar a cada miembro del equipo de gerencia en función de su desempeño en comparación con cualquier otra persona que cumpla esa función en toda la organización. Sin embargo, clasificar a los compañeros ofrece un alto grado de perspectiva para todos los niveles administrativos, en lugar de presionar a cada gerente independientemente de su continuidad. Es un reflejo humano y correcto de las expectativas.

Cuando experimentamos una rotación de personal perjudicial (es decir, cuando perdemos a un gerente con gran experiencia), nos resulta muy costoso porque perdemos el efecto de la curva de experiencia de esa persona. La pérdida no solo afecta al potencial de ingresos netos de operación de la tienda, sino que además repercute en la capacitación, es decir, en la capacidad de esa persona para impartir experiencia a los empleados nuevos y a los futuros gerentes.

RESUMEN DEL CAPÍTULO

PUNTOS CLAVE

- La Estrategia de salarios prósperos desafía la sabiduría empresarial convencional, pero tiene mucho sentido desde el punto de vista empresarial cuando se comprende cómo la rotación de personal afecta a todas las líneas de la declaración de ingresos.

- La Estrategia de salarios prósperos tiende a atraer a un mayor número de candidatos calificados, lo que significa que la selección puede ser más rigurosa.

- El objetivo a largo plazo de la Estrategia de salarios prósperos es retener a empleados altamente capacitados y experimentados que generen confianza entre los clientes, reduzcan los costos operativos generales, aumenten los beneficios y mejoren continuamente el valor para los accionistas.

SMART MOVE 1
Use la Estrategia de salarios prósperos en beneficio propio.

Gracias al sufrimiento de haber estado a punto de quebrar hace una década, aprendí a poner a la persona adecuada en el puesto adecuado y a pagarle lo que vale en función de su rendimiento.

SMART MOVE 2
Anticipe una rotación de personal favorable y combata la que es perjudicial.

La rotación de personal favorable se produce cuando un miembro del equipo que no se ajusta a nuestros valores y estándares de rendimiento es retirado de la empresa. La rotación de personal perjudicial se produce cuando renuncia un miembro del equipo que es productivo y es un Encaje perfecto por razones que podemos controlar; esto es extraordinariamente perjudicial para la rentabilidad.

SMART MOVE 3
No fije salarios máximos para ningún puesto.

No ponga límites al potencial de ingresos de ningún ser humano. Esta práctica no beneficia ni a la persona ni a la empresa.

SMART MOVE 4
Retribuya a la persona, no al equipo, por su rendimiento.

A pesar de las intenciones más nobles hacia los trabajadores individuales, los incentivos financieros a nivel de equipo recompensan inevitablemente a los holgazanes y castigan a los que sí producen.

SMART MOVE 5
Mida la productividad individual.

Nuestro "denominador económico" es lo que llamamos productividad. Todos los que trabajan en el área de operaciones de tienda y en administración de personal de línea tienen un objetivo de productividad personal establecido por escrito que se mide semanalmente.

SMART MOVE 6
Tenga un plan de compensación sencillo.

El plan de compensación sencillo que ofrece nuestra empresa significa que cada miembro del equipo puede averiguar fácilmente cómo ganar dinero para la empresa y cómo esto repercute en su pago semanal de comisiones. Saber inmediatamente en qué posición se encuentra uno con respecto a los objetivos de rendimiento personal en cada momento es una postura y un incentivo poderosos para cada persona.

SMART MOVE 7
Los salarios no son un gasto individual. Los salarios altos reducen costos.

Recortar los salarios para producir rentabilidad es un artificio puntual con consecuencias negativas a largo plazo. Pagar un salario próspero y esperar más de su personal aumentará la productividad y producirá más rentabilidad.

SMART MOVE 8
Use el pago semanal como un gran motivador.

La remuneración es una parte importante de cualquier acuerdo laboral. Además de tener claro cómo pagamos a los miembros de nuestro equipo, nuestra empresa también toma las medidas necesarias para asegurarse de que se les pague a todos correctamente y en el plazo previsto.

SMART MOVE 9
Recuerde que somos profesionales.

Nuestra cultura de aprendizaje es integral, y la capacitación nunca termina. Cuando las personas descubren los motivos por los que su trabajo marca la diferencia y el modo en que lo hace, y conectan ambos aspectos de manera significativa, obtienen una importante ventaja ganadora.

SMART MOVE 10

Ponga en práctica el "exceso de personal"; nunca es tan costoso como la falta de personal.

Contratamos a las personas adecuadas cuando las encontramos, no únicamente cuando las necesitamos. El llamado exceso de personal crea tiempo productivo para pensar, planificar y dar servicio al cliente.

SMART MOVE 11

Aplique la curva de experiencia al rendimiento.

Ya sea que se trate de lanzar una pelota de béisbol, realizar una operación de corazón o llenar una solicitud de préstamo, cuanto más se hace una actividad, más rápido, mejor y más eficiente se vuelve uno. ¡La práctica hace al maestro! Así funciona la "curva de la experiencia".

CAPÍTULO 3

IDENTIFICACIÓN DE FORTALEZAS: *¿CÓMO SE CONTRATA?*

En primer lugar, debe identificar las fortalezas individuales del empleado. En segundo lugar, debe situar a esa persona en una función que permita sacarles el máximo rendimiento a dichas fortalezas. El incumplimiento de estos dos requisitos no puede corregirse ni con la motivación del empleado ni con la orientación de un experto.

Marcus Buckingham y Curt Coffman, *First, Break All the Rules*
(Primero, rompa todas las reglas)

El presidente Abraham Lincoln debía ganar una guerra, pero necesitaba un general que luchara por él. Lincoln no se consideraba un militar, pero como presidente se vio obligado a desempeñar el papel de comandante en jefe durante la Guerra Civil. Así que solicitó consejo a los expertos, empezando por el general Winfield Scott, de setenta y cinco años.

Lincoln descubrió que prepararse para la guerra y luchar en ella son cosas muy distintas. Aprendió que la mayoría de los generales eran preparadores, no combatientes; reactivos, no proactivos; y contenedores, no cargadores. Llegó a la conclusión de que el método de prueba y error

IDENTIFICACIÓN DE
FORTALEZAS

Aumento del Precio
de las Acciones

Identificación de
Fortalezas

Aumento de las
Utilidades Reales

Estrategia de
Salarios Prósperos

Encaje
Perfecto

Crecimiento
Sostenible

Capacitación
Adecuada

Clientes
Comprometidos

Gerentes
Excepcionales

Empleados
Comprometidos

Grandes
Equipos

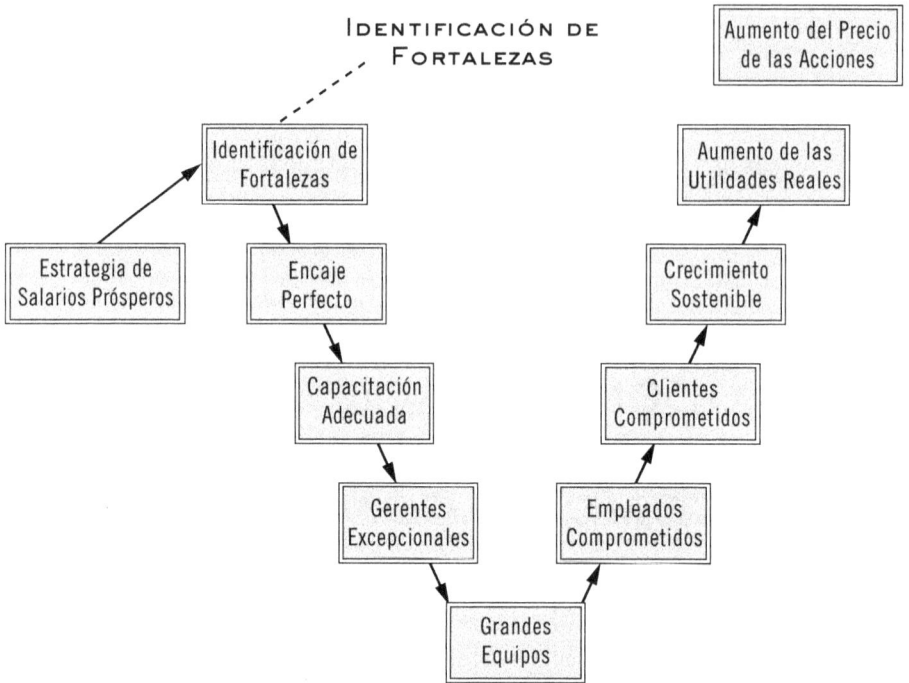

y la capacitación en el puesto de trabajo eran una manera costosa para que un presidente librara una guerra y eligiera generales.

A lo largo de dos sangrientos años, por Lincoln pasó un "desfile de generales", como describe Donald T. Phillips en *Lincoln on Leadership (Lincoln y el liderazgo).* Lo que le contaban los generales de Lincoln sobre cómo librar una guerra y cómo actuaban en el campo de batalla le resultaba incoherente al presidente. Pero un general destacó por encima de los demás en términos de rendimiento: Ulysses S. Grant. Los expertos en guerra de Lincoln se mofaban de Grant acusándolo de bebedor, falto de diplomacia militar, de inteligencia y de una imagen pública aceptable. En cuanto a la bebida de Grant, cuenta la leyenda que Lincoln bromeó: "Debido a las muchas vidas que estamos perdiendo y a la importancia de esta gran batalla, si supiera el sabor de la bebida predilecta del general Grant se la enviaría a los demás generales". De hecho, Grant no era ningún borracho, como a menudo se le describía, sino un hombre humilde y reticente que se vio empujado a desempeñar un papel y cumplió su deber con genialidad.

Lo que sabía Lincoln de Grant era esto: Grant ganaba batallas. Siguiendo el consejo de sus "expertos", Lincoln nombró a Grant teniente general del Ejército de los Estados Unidos, un título raramente usado en la historia del país. La brillantez de Grant sirvió tanto para ganar la Guerra Civil para el Norte como para recomponer las relaciones con el Sur. De hecho, su carácter y amabilidad acabaron por llevarlo a la Casa Blanca como presidente.

CONTRATAR EN FUNCIÓN DE LAS FORTALEZAS

El punto de la historia de Lincoln y Grant es que la genialidad no siempre viene en un paquete perfecto e impecable que encaja cómodamente en el estante del departamento de recursos humanos. El autor y experto en temas de administración Peter Drucker indica: "Donde hay picos altos, hay valles profundos". Nuestra empresa es igualitaria, no elitista, en la contratación (SMART Move 21). Las personas que han soportado dificultades suelen tener la fortaleza necesaria para triunfar en la vida. El hecho de que una persona no sea considerada una "elección prudente" según los estándares habituales no significa que no pueda tener talento en el lugar de trabajo.

Las debilidades no se pueden arreglar; solo se pueden tratar. Los grandes caballos de carrera suelen ser muy nerviosos y pueden llegar a derribar a los jinetes. El jinete debe minimizar el peligro y animar al pura sangre a hacer lo que mejor sabe hacer: competir. Seleccionar a las personas por sus fortalezas y aprender a trabajar con sus debilidades es un reto diario, pero una caballeriza llena de caballos de carrera vencerá a los caballos de labranza cualquier día.

Tradicionalmente, se contrata a las personas en función de su experiencia, formación y antecedentes, lo que permite tomar decisiones seguras y predecibles. Sin embargo, el pasado no suele ser el mejor indicador del talento. Buscamos las capacidades innatas que *sustentan* la experiencia, la formación y los antecedentes de una persona. El "aspecto" de una persona que vemos en un documento y su manera de jugar en el campo pueden ser muy diferentes. Hemos estudiado a los miembros del equipo que han resultado ser los mejores, independientemente de su formación y experiencia, y eso es lo que buscamos: ¡más de los *mejores*!

Al profundizar en el proceso de contratación, invertimos menos tiempo en el "juego de arreglar" a personas que no encajan; no tiene sentido meter clavijas redondas en agujeros cuadrados. Una vez que nos centramos en las fortalezas y el talento de los candidatos, nuestras decisiones se volvieron más claras y sencillas. Las calificaciones de nuestros candidatos se estrecharon, y eso facilitó la identificación aunque requiriera una zona de búsqueda más amplia y exhaustiva.

Las fotos de nuestros mejores vendedores y gerentes cuelgan de la pared de mi oficina como recordatorio de que algunos de nuestros mejores talentos no tenían ni una pizca de experiencia en ventas o comercio minorista antes de que los contratáramos, pero resultó que podían cerrar ventas, atender a los clientes y sobresalir en nuestro negocio. Es tan fácil obsesionarse con la experiencia y la formación al punto de olvidamos que lo que realmente necesitamos es talento en las áreas que hemos identificado como importantes.

Si Lincoln hubiera tenido que librar otra guerra, se habría beneficiado de su curva de aprendizaje de dos años en la contratación y sustitución de generales. Aquí es donde hemos aprendido nuestras lecciones sobre la contratación de talento; hemos avanzado mucho en nuestra curva de aprendizaje. Una vez superada la fase de prueba y error y habiendo aprendido qué talento funciona dentro de nuestro modelo empresarial, somos rigurosos a la hora de seleccionar a las personas que son el Encaje perfecto.

Es una gran ventaja a la hora de seleccionar y contratar cuando sabes qué buscar en nuestros "beneficiarios". Los expertos dicen que las personalidades no cambian mucho realmente a partir de los once años: a esto se le denomina "temperamento". No debatimos este enunciado, sino que lo aceptamos. Contratar al temperamento adecuado en el área de operaciones de nuestra empresa es una ciencia y un arte que nos tomamos muy en serio. El resto de nuestra Ruta estratégica depende de la incorporación de grandes talentos a nuestro sistema.

En la actualidad, usamos una herramienta de predicción aplicada originalmente en un entorno empresarial, que parte de la base de que los individuos bien adaptados necesitan comprender sus rasgos dominantes y estables, reconociendo en qué se diferencian y en qué se parecen a los de otros individuos funcionales. Como cualquier evaluación de este tipo, tiene sus limitaciones y, por tanto, está pensada para complementar nuestro criterio, no para sustituirlo. Hemos evaluado a los mejores de nuestros empleados en todos los puestos y, sorprendentemente, casi todos se sitúan en el mismo rango de puntuación. Por tanto, podemos usar esta evaluación para centrarnos en contratar a más personas que hayan demostrado su capacidad.

Contratamos a personas que tienen dimensiones de alto *rendimiento* por ser activas, impulsivas, dominantes, emocionales y sociales; al mismo tiempo, buscamos una dimensión *reflexiva* mucho más baja. Estas dimensiones de rendimiento, indicadas por el Inventario de Rasgos Temperamentales de Thurstone, son nuestra puerta de entrada para predecir el talento. Esta herramienta nos funciona y ha demostrado ser un poderoso aliado en la búsqueda de personas con la combinación adecuada para satisfacer nuestras necesidades concretas.

FORTALEZA ANTINATURAL

Gallup Consulting es un destacado defensor del movimiento de las fortalezas. En pocas palabras, Gallup afirma que los Gerentes excepcionales *se centran en* las fortalezas de las personas y *dirigen en torno* a sus debilidades. Parece cuestión de sentido común, pero no es una práctica común en la comunidad empresarial o incluso en la vida. Un niño trae a casa un boletín de calificaciones con cinco sobresalientes y una nota media, y su padre le pregunta por qué ha sacado la nota media. Un golfista profesional se lamenta de los errores cometidos en su ronda de hoy, en la que obtuvo 70 puntos en el club Augusta National: debería haber obtenido 66 puntos.

¿Por qué nos enfocamos demasiado en lo que *no podemos* hacer en vez de centrarnos en lo que *sí podemos* hacer? Gravitamos de forma natural hacia los problemas. El movimiento de las fortalezas se basa en invitar a las personas a que abandonen su tendencia natural a obsesionarse con sus debilidades y, en su lugar, empiecen a potenciar sus fortalezas.

Podemos aprender. Nuestras fortalezas son donde residen nuestros verdaderos talentos y habilidades; nos permiten marcar la diferencia. Somos más propensos a tener éxito en nuestras zonas de fortalezas que alejándonos de ellas, en zonas de debilidades. Corregir las debilidades es un trabajo agotador. Al enfocarnos constantemente en nuestros defectos, nos quedamos cortos a la hora de explorar nuestras fortalezas. Por consiguiente, nuestro enfoque consiste en aprovechar las fortalezas de las personas.

Instamos a las personas, las capacitamos y las equipamos para que se alejen de su tendencia natural a centrarse en sus debilidades y en las de los demás. Por supuesto, los que tienen debilidades importantes son enviados a buscar una oportunidad que se ajuste mejor a sus fortalezas. Pero en el caso de aquellos que son adecuados para nuestro negocio, nos fijamos en sus fortalezas para realizar el trabajo y ofrecemos una medida de tolerancia con respecto a sus debilidades.

Cuando uno asiste a un espectáculo, paga para entretenerse. La personalidad del artista es irrelevante siempre que su comportamiento no repercuta negativamente en el acto. Lo que a uno le divierte es la excelencia del artista, que justifica el precio de la entrada.

Identificamos las fortalezas que necesitamos en funciones específicas dentro de la empresa, y nos comprometemos plenamente en este proceso. El Inventario de Rasgos Temperamentales de Thurstone nos ayuda a identificar las fortalezas que requerimos en nuestros puestos evaluando a nuestros mejores empleados en busca de atributos similares. A continuación, emparejamos estos perfiles con personas cuyas fortalezas se alinean con el puesto. ¿Existe otra manera de triunfar?

SMART MOVE 12
Gane con las fortalezas.

En el libro *Winning (Ganar)* de Jack Welch, que se lee y analiza en todos los niveles de nuestra organización, él presenta su esquema de las 4 E (y 1 P) para evaluar a las personas con talento. Lo aplicamos a nuestro sistema de identificación de talentos para contratar fortalezas y evaluar a los empleados actuales.

Jack Welch afirma haber dedicado el 50% de su tiempo a evaluar el talento. Esto puede parecer excesivo para los estándares del mundo empresarial, pero piénselo: ¿Cómo forma un equipo pensando en la productividad y las utilidades? Asegúrese de que las personas que trabajen en ese equipo tengan todos los componentes necesarios para el éxito.

La primera E del esquema de Jack es la *energía* positiva. Necesitamos personas que aporten energía positiva al entorno. Las personas pesimistas son aquellas a las que nos referimos como "la sociedad de los miserables". Son agujeros negros que drenan la vida del lugar, apagan la conversación y entorpecen el rendimiento. Queremos personas que iluminen el día y aporten una sensación de bienestar al trabajo, al juego y a la vida en general. La segunda E es infundir *energía a los demás*. Una actitud positiva y un comportamiento optimista contagian e inspiran a los demás. Las personas con esta actitud atraen a otras personas (compañeros, clientes y gerentes) a la misión.

La tercera E de Welch es la *entereza*, es decir el valor para tomar decisiones difíciles en las que hay que decir sí o no. El mundo puede ser gris, pero al final de la jornada laboral, ¿está la persona dispuesta a proporcionar al equipo claridad en términos de blanco o negro?

Ejecutar es la cuarta E: la capacidad de llevar a cabo el trabajo. Welch consideraría a Ulysses S. Grant como un gran ejecutor. En última instancia, las grandes intenciones tienen que traducirse en resultados.

La "1-P" es la *pasión*. Welch dice: "Cuando hablo de pasión me refiero a un entusiasmo sincero, profundo y auténtico por el trabajo. A las personas apasionadas les importa, y mucho, que sus colegas, empleados y amigos triunfen. Les encanta aprender y crecer, y les entusiasma que la gente a su alrededor haga lo mismo". Welch explica que las personas con pasión la reflejan en todas las áreas de su vida.

El esquema de las 4 E y 1 P es un método para *clasificar* a las personas, no necesariamente para *instruirlas*. En lugar de intentar alterar los temperamentos no conformistas, Welch busca personas que presenten estos rasgos. Este enfoque también nos sirve a nosotros.

SMART MOVE 13
Contrate a los que tienen hambre, no a los que se mueren de hambre.

Las personas que tienen hambre tienen ganas y entusiasmo por la vida, independientemente de sus circunstancias. Tienen una visión de su vida y la voluntad de trabajar, aprender, crecer y dedicar el tiempo necesario para sobresalir y mantener a sus familias. Los que se mueren de hambre, en cambio, tienen poca visión y pocas expectativas para su vida. Se resignan a una vida mediocre (o peor) y se rinden demasiado pronto.

¿Es optimista o pesimista con respecto a su vida? De su respuesta dependen sus posibilidades de éxito, su capacidad de ganar dinero y su voluntad de responder a la vocación de su vida. ¿Solo siente hambre por el momento y está dispuesto a sobreponerse, o está resignado a morirse de hambre toda la vida?

La persona que "se muere de hambre" seguirá muriéndose de hambre. Ha perdido la esperanza en sí misma, así que solo le queda la suerte o la intervención divina. Salvo por su actitud, la persona que se muere de hambre es capaz, pero sigue buscando una limosna en lugar de que alguien le eche una mano.

La persona que "tiene hambre" tiene aspiraciones y ambición. Si se le da una oportunidad, la aprovecha. Está motivada para superarse y no está dispuesta a conformarse con su situación actual. Ve que la causa y el efecto actúan a su favor la mayoría de las veces. Planificará, sostendrá, aguantará y adoptará una visión a largo plazo si es un camino hacia la superación. Una persona que tiene hambre es una fuente de utilidades, un diamante en bruto.

El tamaño de una cuenta bancaria o de un estado financiero no determina si uno tiene hambre o se muere de hambre. En mis relaciones comerciales fuera de nuestra empresa, conozco a personas nacidas en la riqueza o que trabajan en posiciones privilegiadas que no son ambiciosas. Es un desperdicio trágico que podría redimirse con un simple cambio de actitud.

Cuando contratamos a una persona, lo primero que contratamos es su actitud hacia sí misma. Por eso contratamos a los que tienen hambre, no a los que se mueren de hambre. Los que tienen hambre aprenden y ganan, mientras que los que se mueren de hambre se quejan. Preferimos contratar a personas que tengan empleo en la actualidad en lugar de contratar a personas sin empleo. Estos candidatos suelen tener la mayor parte, si no todas, las dimensiones de rendimiento que se ajustan a nuestro perfil de empleado de éxito.

SMART MOVE 14
Adopte un proceso de selección riguroso.

El proceso de selección de nuestra empresa es posiblemente la parte más importante del trabajo de todo gerente. Nuestro éxito continuado se basa en nuestra capacidad para seleccionar a la persona adecuada para el puesto adecuado, y no solo cuando hay una vacante que cubrir.

Uno de los mayores errores que cometen muchas empresas es no adoptar un proceso o herramienta de selección estándar diseñado para identificar y atraer a los más calificados para realizar el trabajo. Esto parece muy básico en principio, pero suele olvidarse durante el proceso de entrevista o selección de candidatos para puestos específicos.

Con demasiada frecuencia, las empresas esperan a que surja una necesidad concreta y urgente para empezar a buscar y contratar candidatos calificados. Esto no es bueno ni para la empresa ni para los candidatos; se confía demasiado en personas que simplemente están en el lugar adecuado en el momento adecuado, y que no son necesariamente personas de Encaje perfecto. Nuestro éxito radica en la *calidad*, y no solo en la disponibilidad, de los empleados a los que invitamos a formar parte de nuestro equipo. Por tanto, siempre debemos buscar solo a los mejores, aunque no tengamos una necesidad urgente. Contratar "para tener un banco de talentos" nos da la fortaleza necesaria para mantener nuestras tiendas llenas de empleados comprometidos y bien remunerados.

Nuestro proceso de selección es único en el sentido de que somos rigurosos a la hora de buscar solo a los candidatos que estén mejor calificados. Si no encontramos lo que buscamos en un grupo, simplemente buscamos otro grupo de candidatos antes de tomar una decisión final. Evitamos prudentemente hacer lo que comúnmente se conoce como "selecciones en el campo de batalla": aquellas decisiones de contratación que se toman por necesidad, en el fragor de la "batalla". Cuando se selecciona a los mejores, se crea una situación en la que todos salen ganando.

RESUMEN DEL CAPÍTULO

PUNTOS CLAVE

- La gente no cambia. No intentemos corregir sus debilidades.

- Contrate en función de las fortalezas que se ajusten al puesto. Comprenda y gestione las muchas variedades de debilidades que inevitablemente acompañarán a las fortalezas.

- Usamos el Inventario de Rasgos Temperamentales de Thurstone como herramienta de selección para identificar las fortalezas que buscamos en los candidatos. Es importante disponer de una herramienta objetiva que nos ayude en la evaluación subjetiva de los candidatos.

- Animamos a los miembros de nuestro equipo a centrar su energía y esfuerzo en sus fortalezas y a alejarse sistemáticamente del trabajo en áreas en las que presentan debilidades.

SMART MOVE 12

Gane con las fortalezas.

En el libro *Winning [Ganar]* de Jack Welch, que se lee y analiza en todos los niveles de nuestra organización, él presenta su esquema de las 4 E (y 1 P) para evaluar a las personas con talento. Lo aplicamos a nuestro sistema de identificación de talentos para contratar fortalezas y evaluar a los empleados actuales.

SMART MOVE 13

Contrate a los que tienen hambre, no a los que se mueren de hambre.

Las personas que tienen hambre tienen ganas y entusiasmo por la vida, independientemente de sus circunstancias. Tienen una visión de su vida y la voluntad de trabajar, aprender, crecer y dedicar el tiempo necesario para sobresalir y mantener a sus familias. Los que se mueren de hambre, en cambio, tienen poca visión y pocas expectativas para su vida. Se resignan a una vida mediocre (o peor) y se rinden demasiado pronto.

SMART MOVE 14

Adopte un proceso de selección riguroso.

El proceso de selección de nuestra empresa es posiblemente la parte más importante del trabajo de todo gerente. Nuestro éxito continuado se basa en nuestra capacidad para seleccionar a la persona adecuada para el puesto adecuado, y no solo cuando hay una vacante que cubrir.

CAPÍTULO 4

ENCAJE PERFECTO: *¿CÓMO SE COLOCA A LA PERSONA ADECUADA EN EL PUESTO ADECUADO?*

Un ejecutivo eficaz sabe que el secreto de una organización no es la genialidad. Es la capacidad de colocar a la persona en el puesto adecuado para que una persona común pueda alcanzar un rendimiento fuera de lo común.

Peter F. Drucker, *The Effective Executive* (*Eficacia ejecutiva*)

NUESTRO CONCEPTO DE ENCAJE PERFECTO ES UNA CUESTIÓN DE COLOCAR A LA PERSONA ADECUADA EN EL PUESTO ADECUADO Y CREAR LAS CONDICIONES APROPIADAS PARA QUE ESA PERSONA ALCANCE LA PROSPERIDAD. Incentivos adecuados, expectativas claras y medidas apropiadas que acentúen las fortalezas y el talento son excelentes puntos de partida. Queremos que los miembros de nuestro equipo tengan éxito, eso es todo. El éxito de una persona da forma a las expectativas y al aprendizaje de todos los demás. Todos estamos desarrollando y mejorando la Ruta estratégica de la empresa.

El referente Encaje perfecto a lo largo de nuestra Ruta estratégica aparece de manera natural después de los hitos Estrategia de salarios prósperos e Identificación de fortalezas. Sigue la progresión lógica a lo largo de nuestra Ruta estratégica: Ahora es el momento de posicionar

ENCAJE PERFECTO

| | Aumento del Precio de las Acciones |

Identificación de Fortalezas

Encaje Perfecto

Aumento de las Utilidades Reales

Estrategia de Salarios Prósperos

Encaje Perfecto

Crecimiento Sostenible

Capacitación Adecuada

Clientes Comprometidos

Gerentes Excepcionales

Empleados Comprometidos

Grandes Equipos

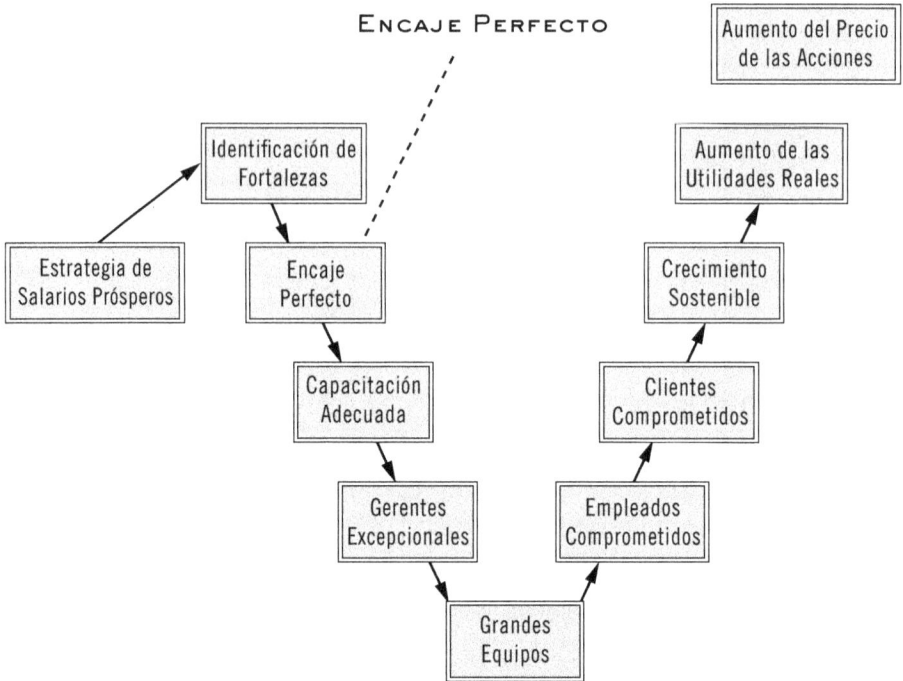

adecuadamente a una persona para que alcance el éxito. La nuestra es una estrategia bien definida y estructurada para colocar a personas con talento que innovan con regularidad y establecen nuevos récords de rendimiento. A su vez, esto nos ayuda a perfeccionar quién es un Encaje perfecto y quién no lo es. Es una espiral ascendente de mejora constante alineada con nuestro valor de aprendizaje.

En pocas palabras, para nosotros las relaciones o son un Encaje perfecto o no lo son: o se ajustan a los estándares o no lo hacen. Nuestro objetivo final es comprometernos plenamente con personas que estén totalmente en sintonía con nuestros altos niveles de exigencia. ¿Es factible? Sí, pero siendo realistas, es muy difícil. No obstante, es nuestro objetivo: siempre trabajamos para alcanzar la *excelencia en cada puesto*.

Un Encaje perfecto implica tanto medidas de rendimiento como estándares. Los estándares establecen las expectativas, y las medidas evalúan el grado de proximidad por debajo o por encima de las expectativas.

Nuestros estándares son dinámicos en sentido ascendente en lugar de estacionarios. Lo vimos en nuestro objetivo de productividad personal (SMART Move 5). En otras palabras, las personas de Encaje perfecto elevan los estándares de manera natural, acelerando así la identificación de personas con talento que puedan ejercer sus fortalezas satisfactoriamente en nuestra empresa. La realidad es que las personas idóneas para el puesto de trabajo son las que tienen un mayor rendimiento en el mismo. Una persona común y corriente realiza un trabajo extraordinario en su zona de Encaje perfecto.

Digamos que usted tiene una estupenda llave inglesa de ⅝ de pulgada. Pero si tiene un tornillo de ½ pulgada, su estupenda llave de ⅝ de pulgada no le será de mucha utilidad. Aunque la llave inglesa parezca adecuada, es casi tan útil como un martillo en esa situación. Así que no se trata de grandes personas, sino de aptitud para el trabajo. Cada uno de nosotros es más adecuado para un trabajo determinado. Por eso buscamos constantemente personas que encajen en el puesto, tengan iniciativa y puedan llevar el rendimiento a un nivel superior.

La aptitud para un puesto de trabajo no es lo que suelen medir muchas empresas. Muchos de nuestros vendedores, por ejemplo, fueron elecciones claras y fáciles, ya que poseían el temperamento y el talento adecuados. Sin embargo, algunos de nuestros vendedores más exitosos serán los primeros en admitir que no eran los mejores estudiantes o que no tenían las mejores trayectorias profesionales antes de unirse a nosotros. Se perdieron en el camino y se vieron en posiciones en las que las probabilidades estaban en contra de su éxito, y cada día eran peores. Los antecedentes, la formación y la experiencia son ciertamente informativos en nuestro proceso de contratación, pero estos factores no son predictivos. Nuestra herramienta de selección, el Inventario de Rasgos Temperamentales de Thurstone (analizado en el capítulo 3), junto con una evaluación de fortalezas y talentos, es mucho más predictiva del Encaje perfecto. En definitiva, se necesita un gerente con instinto para evaluar la idoneidad de una persona concreta para el puesto en cuestión. La ciencia acaba dando paso al arte de la contratación.

EL ENCAJE PERFECTO ENCAJA CON TODO

El Encaje perfecto no se limita a los empleados. Se extiende a nuestros clientes y se fundamenta en nuestros inversionistas, cumpliendo una vez más la relación de trinidad del Triángulo SMART Moves.

El modo en que hacemos negocios atrae a algunos clientes y repele a otros. No intentamos satisfacer a todo el mundo, pero queremos ser importantes para nuestros principales clientes. Damos servicio a los desatendidos, ofreciéndoles el mejor servicio de atención al cliente disponible y construyendo relaciones a largo plazo. Un cliente que realiza una sola transacción no nos valora tanto como un cliente habitual. Nuestro costo de hacer negocios con clientes habituales es menor debido a muchos factores, entre ellos un menor riesgo y menos trabajo. Lo sabemos y transmitimos ese ahorro. Trabajamos duro para los clientes con los que existe un vínculo mutuo y una relación existente.

Los inversionistas que captan nuestra diferencia particular, sin importar si proceden del capital privado o de los mercados públicos, nos valoran más que, por ejemplo, un operador intradía que obtiene utilidades insostenibles. Nuestro objetivo es encontrar inversores y prestamistas que sean el Encaje perfecto para nuestra empresa. Personas que "lo entiendan" y valoren lo que hacemos como empresa, tanto para las personas a las que servimos como para el mal visto sector del empeño. A medida que nuestra historia se difunda y se reconozca que las casas de empeño son negocios con buena reputación, esperamos atraer una amplia base de inversionistas que nos apoyen con lealtad.

QUÍMICA EMPRESARIAL

Una buena "química" debe formar parte de casi todos los equipos y grupos de trabajo eficaces. En definitiva, el Encaje perfecto es una cuestión de buena química. Este nodo de nuestra Ruta estratégica hace recaer en los gerentes la gran responsabilidad de seleccionar y desarrollar personas que se alineen e integren con un equipo, con la cultura de nuestra empresa y con nuestro modo de hacer negocios. Cuando los tres primeros pasos de nuestra Ruta estratégica se llevan a cabo correctamente, el resto de la Ruta estratégica fluye sin problemas y de modo predecible. Si fracasamos con las personas, no habrá gestión ni incentivos que lo remedien.

Es como con las llaves: Una llave de ⅝ de pulgada en un perno de ½ pulgada puede hacer el trabajo, pero el tornillo se estropeará mientras lucha con la llave que no se ajusta bien. Se golpeará los nudillos cada vez que la llave se deslice y tendrá cicatrices que lo demuestren.

La persona adecuada en el puesto adecuado, con los incentivos pertinentes y esforzándose por alcanzar la excelencia, es la mayor ventaja de cualquier organización. Como gerentes, todo lo demás que hacemos palidece en comparación con esta compleja tarea del Encaje perfecto.

SMART MOVE 15
Evalúe el rendimiento siguiendo una posición radical: se queda o se va.

La evaluación del Encaje perfecto se divide en dos grandes categorías: el cumplimiento de las medidas de rendimiento y la adopción de nuestra cultura y valores. En ambas se trazan líneas firmes. Tenemos una respuesta programada para cada uno de los tres escenarios de fácil comprensión relativos al rendimiento y los valores/la cultura. El rendimiento y los valores deben estar alineados, o deben producirse cambios.

Para evaluar el Encaje perfecto en nuestros empleados, hemos desarrollado una respuesta programada a cada uno de tres escenarios de fácil comprensión, relativos al rendimiento y los valores:

¿SE QUEDA O SE VA?

Escenario 1	Rendimiento más valores	Se queda
Escenario 2	Valores pero sin rendimiento	Encaje perfecto
Escenario 3	Rendimiento pero sin valores	Se va

El *Escenario 1* se refiere al empleado que cumple los requisitos de *rendimiento* y además comparte nuestros *valores* y cultura. Encaja con toda seguridad. *Esta persona se queda con nosotros.*

El *Escenario 2* presenta a una persona que encaja con nuestros *valores* y cultura, pero que no cumple los estándares de *rendimiento* del puesto. Dado que es difícil encontrar empleados que encajen con nuestros valores y cultura, trabajamos con esta persona basándonos en nuestra recién descubierta comprensión de sus fortalezas, tratando de colocarla en un puesto en el que pueda prosperar. *Esta persona se queda, y cambiamos su función.*

El *Escenario 3* muestra a una persona que cumple los estándares de *rendimiento*, pero que va en contra de nuestros *valores* y cultura. Hay mucho que aprender en nuestra cultura y modo de hacer negocios, así que trabajamos con la persona para que pase al Escenario 1. Sin embargo, si no puede hacer la transición, ya no encaja. *Esta persona debe irse.* Le deseamos lo mejor y luego nos preguntamos qué parte de nuestro proceso de contratación falló a la hora de seleccionar a una persona tan poco adecuada. Un miembro de la sociedad de los miserables nunca encaja.

Valoramos enormemente contar con personas que encajen en nuestra cultura. Incluso un empleado de alto rendimiento que viole nuestros valores está destinado a un nuevo empleo. El éxito, el estatus y el dinero a veces pueden revelar defectos de carácter. Contratamos a personas con personalidades y egos fuertes, que quizá sean difíciles de tratar; en una cultura como la nuestra, una persona con un ego descontrolado no tardará en abandonarnos.

Hace poco, despedimos a una vendedora cuya actitud de superioridad, su carácter posesivo con los clientes y su falta de comportamiento en equipo estaban minando el éxito de una tienda. Esta persona podía rendir en el trabajo como pocas, pero el éxito se le subió a la cabeza y reveló problemas de conducta. Trabajamos con ella para que se mantuviera dentro de los valores de la empresa. Sin embargo, su actitud de *prima donna* cruzaba repetidamente la línea. El comportamiento no cambió, así que tuvo que irse.

El mal comportamiento de un empleado, aunque sea uno de los más productivos, puede poner en peligro a toda la empresa. Ninguna persona vale eso. En este caso, la pérdida de su rendimiento es un pequeño precio que hay que pagar para preservar la esencia misma de lo que nos mantiene unidos a todos. A fin de cuentas, se trata de decisiones fáciles de tomar, aunque en el calor del momento pudieran parecer difíciles. Esta acción envió una clara señal a toda la empresa de que nuestros valores son muy importantes. Su despido fue una manifestación positiva que reforzó nuestra cultura.

El Encaje perfecto implica la oferta de algo más grande de lo que uno pasa a formar parte: nuestro modelo empresarial y nuestra cultura de empresa, unidos por nuestra Ruta estratégica. Aunque estamos muy centrados en cultivar la grandeza y prosperidad de cada persona de la empresa, ninguna persona puede estar por encima de lo que es correcto para la cultura de la empresa. Valorar a las personas significa algo para los miembros de nuestro equipo: una verdadera conexión y el orgullo de formar parte de nuestra empresa especial. El Encaje perfecto es un principio, pero no es un fin. A lo largo de los años de capacitación y experiencia, la alineación de cada persona con la empresa tiende a asentarse de manera aún más profunda, cómoda y segura. Al principio parece ser un Encaje perfecto, pero con el tiempo se demuestra que sí lo es . . . o que no lo es.

Todos ganamos si mantenemos a los ganadores en posiciones ganadoras. *Ganar es parte de nuestra misión.*

SMART MOVE 16

Implemente el sistema salarial de banda ancha, o *broadbanding*, en respuesta al Principio de Peter.

La nuestra no es una empresa de "subir o irse", así que evitamos el Principio de Peter. "Subir o irse" es un método de gestión fallido porque aleja a las personas de su Encaje perfecto por los motivos equivocados. Los miembros de nuestro equipo no tienen que conseguir un ascenso para ganar más dinero; pueden hacerlo pasando a otro nivel dentro de su puesto actual.

Nuestro sistema de desarrollo de vendedores produce resultados notables. Por diversas razones, algunos aspiran a ser gerentes y entran en nuestro programa de capacitación en administración. Francamente, el perfil de un vendedor y el de un gerente son como las llaves inglesas antes mencionadas: parecidos en algunos aspectos, pero funcionan mejor en cosas distintas. Se realiza una nueva evaluación del Encaje perfecto. Se lo dejamos claro desde el principio al candidato: *Si, en el transcurso de la capacitación de gerente, empieza a sentir que no encaja, háganoslo saber. Su trabajo como asistente de gerencia o vendedor está a su disposición.* En muchas empresas, esa persona sería despedida. A decir verdad, nuestros vendedores son nuestras "estrellas de rock", y nuestros gerentes son sus agentes.

"Subir o irse": la presión que se ejerce sobre un empleado para que ascienda al siguiente nivel o para que abandone la empresa porque está preparado para un aumento de sueldo, aleja a las personas de su Encaje perfecto por muchos motivos equivocados. Los miembros de nuestro equipo pueden avanzar a otro nivel dentro de su puesto actual y seguir ganando más dinero; no tienen que buscar ese ascenso y abandonar su lugar de Encaje perfecto. "Sistema salarial de banda ancha" es el término que usamos para mantener a los mejores en sus puestos el mayor tiempo posible y pagarles por su excelencia y contribución.

Todos nuestros vendedores, asistentes de gerencia y gerentes de tienda tienen varios cargos como resultado de nuestro sistema salarial de banda ancha para cada puesto. Cada uno de estos grupos es evaluado oportunamente: una revisión semanal para los vendedores y revisiones financieras y estadísticas mensuales para los asistentes de gerencia y los gerentes de tienda. Además de nuestros informes semanales de productividad, reconocimientos y celebraciones, el 10% de nuestros mejores vendedores obtienen un cargo especial, bonificaciones de comisiones y otras ventajas. Estas gratificaciones se basan únicamente en el rendimiento de cada uno en relación con sus compañeros vendedores, por lo que son competitivas. Esto anima a nuestra gente a esforzarse por conseguir una productividad personal excelente.

Los mejores de entre los mejores, es decir, los veinte mejores vendedores, obtienen el cargo de "ejecutivo de ventas y préstamos" y reciben las comisiones más altas en concepto de bonificaciones. Para ello, los vendedores deben figurar entre los veinte mejores del trimestre anterior y recibir el cargo de ejecutivo de ventas y préstamos durante todo el trimestre siguiente. Incluye ventajas (como asistir a la reunión anual de gerentes), un alto nivel de reconocimiento y celebraciones. Y nuestros ejecutivos de ventas suelen ganar tanto como algunos asistentes de gerencia y gerentes que trabajan para otras empresas. Lo bueno de este sistema de retribución es que una persona no tiene que conseguir un ascenso para ganar más; solo tiene que producir más, y la retribución llega sola. Como puede imaginar, las personas de este grupo son increíblemente competitivas y productivas. Como tienen que cumplir los requisitos cada trimestre, estos ganadores compiten con muchas ganas.

Los veinte vendedores siguientes obtienen el nivel de "profesional de ventas y préstamos" y reciben un bono de aumento de comisión por encima de la remuneración normal. Cada trimestre, la clasificación se reevalúa y se reajusta para mostrar el 10% de los mejores vendedores y la nueva ronda de profesionales de ventas y préstamos. No hay que dormirse en los laureles.

Gracias al sistema salarial de banda ancha, los vendedores de mayor rendimiento pueden ganar más que el gerente de tienda típico. Esto elimina la necesidad del enfoque de "subir o irse", en el que el único camino hacia una mayor remuneración para los empleados productivos con talento es un ascenso que podría sacarlos de su zona de fortalezas. La continuidad contribuye significativamente a la rentabilidad de nuestro negocio.

La otra cara de la moneda es que algunos vendedores son líderes por naturaleza y están mejor preparados para ser gerentes. Normalmente, nos damos cuenta de ello al principio del proceso de entrevista y los orientamos hacia una posición detrás de un escritorio como gerentes en lugar de manejar una caja como vendedores.

En el trayecto, hemos evitado el Principio de Peter, que afirma: "En una jerarquía, cada empleado tiende a ascender hasta su nivel de incompetencia". El Dr. Laurence J. Peter publicó este concepto en su libro de 1968, *The Peter Principle (El Principio de Peter),* para explicar el movimiento ascendente, descendente y lateral del personal dentro de un sistema de rangos organizado jerárquicamente. En pocas palabras, revela que un individuo de alto rendimiento atraerá cada vez más tareas y responsabilidades, hasta que esa persona llegue a un punto en el que estos requisitos superen realmente sus capacidades. Intentamos evitar y desactivar el Principio de Peter para mantener a los miembros de nuestro equipo donde mejor puedan contribuir al crecimiento de la empresa, y así seguir ganando.

SMART MOVE 17
Desarraigue la "sociedad de los miserables".

Los empleados o están comprometidos o no lo están. Nuestra Ruta estratégica alienta a los comprometidos y disipa a los desconectados.

Las intrigas de oficina, los malos gerentes, los aduladores, los prepotentes y los presumidos no son bienvenidos. La crueldad no es un estilo de gestión aceptable.

David Ogilvy, *Confessions of an Advertising Man*
(*Confesiones de un publicitario*)

No nos equivoquemos: Tenemos una cultura corporativa muy desarrollada en la que las personas de Encaje perfecto puede aspirar a ganar. Sin embargo, nuestra oportunidad no es adecuada para todo el mundo. A pesar de nuestro riguroso proceso de selección, a veces las personas simplemente no encajan. Nuestros sistemas están preparados para detectar y descartar a estas personas: la "sociedad de los miserables".

No me refiero a personas interesadas en el desacuerdo y el debate honestos. No, me refiero a los quejosos constantes que siempre suponen lo peor. Si no se les controla, estas personas pueden convertirse en líderes negativos de la organización y reclutar a otros para su sociedad catastrofista. Los eliminamos sin tener en cuenta su rendimiento. No podemos frenar a una persona en su búsqueda de un Encaje perfecto más significativo y satisfactorio para su vida. Si nuestros valores dejan tan mal sabor de boca, ¿por qué quedarse a trabajar en nuestra empresa? Prosiga con su vida hacia un Encaje perfecto que se adapte a usted.

Si le parece que esto suena duro, asómese de nuevo a la realidad. Nuestra empresa da a cada miembro del equipo todas las oportunidades para triunfar. Ponemos nuestra cultura corporativa sobre la mesa y no guardamos secretos sobre nuestros valores. Es decisión de cada persona adherirse o no a nuestro sistema. Una persona elige seguir una visión negativa o positiva de la vida. Esta parábola lo explica en pocas palabras: Un joven lucha por saber quién es. Compartiendo su batalla interior con su mentor, describe su situación de esta manera: "Es como si tuviera dos lobos luchando dentro de mí. Uno tiene valores morales y es bueno. El otro no tiene moral y es malo. Estoy destrozado por dentro. No sé cuál ganará". El mentor responde: "Yo sí lo sé. Ganará aquel al que alimentes más".

Nos esmeramos por identificar a los "lobos malvados" que hay entre nosotros. La encuesta sobre el compromiso de los empleados que realiza Gallup nos ayuda a descubrir a los empleados que están activamente desconectados, o como yo los llamo, "terroristas corporativos". ¡Y hay que despedirlos! Como los miembros de una célula durmiente, trabajan activamente contra la empresa, a menudo usando técnicas pasivo-agresivas. No se puede ignorar a esta minoría y es preciso reconectarla o extirparla agresivamente como se extirparía un cáncer amenazador.

El siguiente cuadro es una encuesta reciente de Gallup sobre el compromiso de los empleados de nuestra empresa. Se identifica claramente a los descontentos como el pequeño porcentaje al final de cada columna; la cifra de miembros de este grupo ha descendido del 6 por ciento en 2005 al 5 por ciento en 2006 y al 4 por ciento en 2007. En comparación, el 15 por ciento de la población trabajadora general de los EE. UU. está "activamente desconectada". Además, observe el porcentaje de empleados en la parte superior de cada barra: Mientras que el 70% de nuestra población activa está "comprometida", solo el 28% de la población activa estadounidense afirma estarlo.

El número de miembros del equipo comprometidos sigue creciendo con nuestra empresa. La proporción correspondiente a 2007, que se muestra sobre cada barra del cuadro, puede leerse así: Por cada miembro de la sociedad de los miserables, tenemos 17.5 empleados altamente comprometidos. La comparación de nuestras medidas con las de la población activa estadounidense estándar, usada por Gallup, demuestra claramente la notable proporción de nuestros empleados que están activamente comprometidos con su trabajo.

RENDIMIENTO DEL COMPROMISO DE LOS EMPLEADOS DE CLASE MUNDIAL

Proporción de Empleados Comprometidos a Activamente Desconectados:

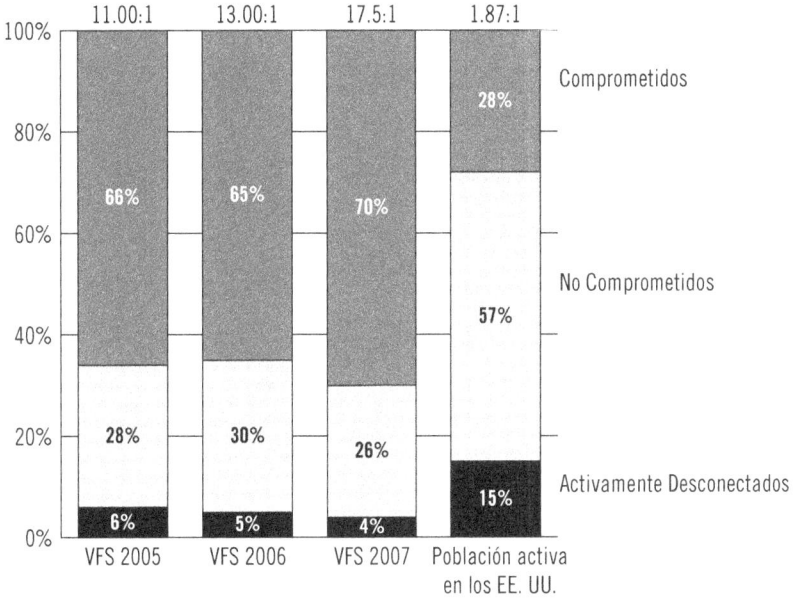

	11.00:1	13.00:1	17.5:1	1.87:1	
100%					
	66%	65%	70%	28%	Comprometidos
80%					
60%					
				57%	No Comprometidos
40%					
20%	28%	30%	26%		
	6%	5%	4%	15%	Activamente Desconectados
0%	VFS 2005	VFS 2006	VFS 2007	Población activa en los EE. UU.	

*Cifras recopiladas a partir de datos proporcionados por los registros y archivos de Value Financial Services, junto con datos de otras fuentes, como Gallup.

SMART MOVE 18

Contrate solo personal a tiempo completo.

No contamos con empleados a tiempo parcial; solo trabajan con nosotros empleados dedicados a tiempo completo. El empleo a tiempo parcial conduce a un menor nivel de compromiso o incluso a un sentimiento dividido de lealtad si se compara con el caso de un empleado plenamente comprometido. Por eso, nuestra práctica consiste en contratar solo a empleados a tiempo completo, dedicados y comprometidos con lo que hacen y cómo lo hacen.

> Digo, por tanto, que las armas con las que un príncipe defiende su Estado o son suyas propias, o son mercenarias, auxiliares o mixtas. Los mercenarios y auxiliares son inútiles y peligrosos; y si uno sostiene su estado basándose en estas armas, no se mantendrá firme ni seguro; porque son desunidos, ambiciosos y sin disciplina, infieles, valientes ante los amigos, cobardes ante los enemigos; no tienen ni temor de Dios ni fidelidad a los hombres, y la destrucción se aplaza tan solo mientras dura el ataque; porque durante la paz se es robado por ellos y durante la guerra por el enemigo.

Nicolás Maquiavelo (1469-1527), *The Prince* (*El Príncipe*)

Este fragmento de la obra más famosa de Maquiavelo sobre política se aplica a menudo a la teoría empresarial en el mundo moderno. Maquiavelo aboga por contratar solamente a empleados a tiempo completo y plenamente dedicados, en lugar de a mercenarios (guerreros a tiempo parcial). Como sus lealtades están en otra parte, los mercenarios luchan (si es que luchan) por una causa distinta a la del soldado dedicado a tiempo completo. El mismo argumento puede aplicarse a la población activa actual, motivo por el cual nuestra empresa no contrata a tiempo parcial.

A la larga, algún experto en números podría cuestionar nuestra Estrategia de salarios prósperos. Plantearía una propuesta "brillante" para aumentar la rentabilidad despidiendo a los colaboradores que más ganan y sustituyéndolos por empleados con salarios más bajos y a tiempo parcial. Sin embargo, esta medida para obtener rentabilidad despojaría a la empresa de su cultura, aplastaría la moral de los empleados y socavaría los beneficios. Nuestra Ruta estratégica se hundiría y pronto veríamos grandes pérdidas de utilidades que superarían con creces cualquier ganancia a corto plazo.

Hasta ahora, se ha hecho una idea de nuestro proceso de selección, nuestro compromiso mutuo, nuestra inversión en los miembros de nuestro equipo y las expectativas depositadas en cada persona de nuestra empresa. En la práctica, aceptar algo menos que un empleo a tiempo completo socavaría la viabilidad y el prestigio a largo plazo de nuestro compromiso con los empleados y los clientes y, por tanto, nuestra rentabilidad. Incluso la alusión a trabajadores a tiempo parcial está tan alejada del contexto de nuestro modo de hacer negocios que supondría una amenaza para nuestra propia existencia.

SMART MOVE 19
Lleve a cabo revisiones periódicas de cada empleado.

A las personas les gusta saber en qué situación se encuentran. Esto puede implicar conversaciones muy difíciles que prefieren evitar tanto el gerente como el empleado. Pero evitarlas no es un buen método de gestión. Para asegurarnos de que cada empleado sepa en qué situación se encuentra, hemos adoptado un enfoque sistemático: la revisión trimestral del expediente. Al menos cuatro veces al año, el gerente y el colaborador se reúnen para confirmar que exista un Encaje perfecto. ¿Está la persona aprovechando al máximo lo que podemos ofrecerle en términos de crecimiento y ganancias? ¿Está recibiendo la empresa toda la contribución que puede dar esta persona a su productividad personal y a su equipo?

La revisión trimestral del expediente afina la comprensión mutua entre el gerente y el vendedor acerca de las fortalezas y el Encaje perfecto para el puesto. Los gerentes se preguntan: "¿Qué aporta esta persona en términos de productividad y servicio al cliente? Basándome en lo que sé, ¿volvería a contratar a esta persona?". Cada revisión es un debate centrado en las fortalezas y talentos (no en las debilidades) para determinar en qué aspectos puede ser más productivo el miembro del equipo y estar más comprometido con su función. Evitamos las frustraciones inútiles, la pérdida de tiempo y el costoso proceso de "corregir" las debilidades y nos centramos en cambio en las fortalezas (SMART

Move 12). El objetivo es ayudar a la persona a progresar dentro de sus capacidades naturales.

Las revisiones trimestrales evalúan el rendimiento, la idoneidad y el historial de cada empleado cada noventa días. Mientras tanto, se realizan revisiones individuales de todos los colaboradores cada cuatro semanas para proporcionar a cada empleado información actualizada y práctica con regularidad. Los nuevos empleados reciben revisiones a los 30, 60, 90 y 180 días. Esta combinación de revisiones nos permite detectar rápidamente los retos y las oportunidades, y además el empleado sabe en qué situación se encuentra. Así, si la revisión trimestral del expediente da lugar a un despido, nadie se lleva una gran sorpresa.

Estos pequeños despidos de vez en cuando generan una rotación de personal favorable (SMART Move 2) y refuerzan el rendimiento óptimo. El proceso de revisión también permite un enfoque riguroso y oportuno de los recursos humanos de nuestra empresa, en contraposición a un enfoque despiadado de despidos generalizados. Las revisiones sinceras y objetivas son el método de mayor impacto que pueden usar los gerentes para preservar y hacer que progrese nuestra cultura y nuestro nivel de rendimiento.

SMART MOVE 20
Convénzase de que no existen trabajos insignificantes.

Todos los puestos son importantes. Esto significa que en cualquier empresa de éxito tan solo hay personas importantes en puestos importantes. Es responsabilidad de la gerencia infundir valor en el trabajo de cada empleado para transmitir este sentimiento de importancia.

Poco a poco y sin saberlo, estamos revisando todas nuestras opiniones sobre el tema de los salarios altos. No hay ninguna razón, por ejemplo, para que un basurero no sea un empleado de primera categoría.

Henry Ford, *Today and Tomorrow* (*Hoy y mañana*)

Cuando Florida sufrió una racha de huracanes en 2004, las emisoras informaron a los trabajadores del gobierno de que las oficinas estaban cerradas para el personal que no fuera esencial. ¿Qué manera de expresarse es esta? A mí no me gustaría que se dijera que mi trabajo es "no esencial", lo que implica que en realidad no es importante.

No debería existir ningún trabajo que no se considere esencial. En nuestra empresa no hay puestos sin importancia. Cada puesto requiere unas fortalezas específicas que solo pueden desempeñarse mejor si la persona tiene el talento y es el Encaje perfecto para el trabajo.

Las personas son la estrategia. Cuando cada puesto es importante, la administración se toma el tiempo necesario para establecer expectativas, medirlas, seleccionar a la persona adecuada y mantenerla al nivel de los estándares de rendimiento. Este enfoque no solo es increíblemente positivo para la empresa, sino que también transmite a todos los colaboradores el mensaje de que su trabajo sí es importante, de que sus esfuerzos por comprometerse merecen la pena y de que están marcando la diferencia con sus propias vidas. Todos los puestos de trabajo de nuestra empresa son importantes, de lo contrario no existirían.

La admisión como empleado es ciertamente una puerta muy estrecha, pero una vez dentro de la empresa, cada empleado tiene acceso a una gran extensión de oportunidades, porque vemos la relación como algo que puede durar toda la vida. En este marco a largo plazo, se espera que cada nueva persona contratada sea otro ganador en ciernes. Formamos, recompensamos y celebramos a los miembros de nuestro equipo como los miembros seleccionados que son, y nos aseguramos de comunicar ese sentido del valor a cada uno de ellos. En este sentido, son un cuerpo de élite de personas no elitistas.

SMART MOVE 21

Fomente un enfoque igualitario en lugar de elitista.

Nuestro enfoque igualitario de los negocios se basa en creencias profundamente arraigadas en la dignidad y la igualdad inherentes a la persona, independientemente de su posición en la vida, en la sociedad o en nuestra empresa. Esta visión se aplica por igual a nuestros empleados, clientes e inversionistas. En contraposición, existe una visión elitista: una perspectiva de "nosotros" y "ellos" que evoca un sistema social basado en castas. Esta actitud de "superioridad moral" es, en última instancia, una forma de degradar a los demás para situarse por encima de ellos.

Si quieres probar el carácter de un hombre, dale poder.

Abraham Lincoln

Independientemente de la situación socioeconómica de nuestros clientes, procuramos no caer en el elitismo. Somos conscientes de la trampa que supone inflar la autoestima a costa de otro ser humano. Por eso promovemos activamente ideales igualitarios, tanto de manera preventiva (para evitar perpetuar el elitismo) como prescriptiva (para erradicar el elitismo existente). El valor fundamental es la amabilidad.

¿Parecen contradictorios el igualitarismo y el Encaje perfecto? No lo son. El igualitarismo considera que las personas son intrínsecamente iguales, sin importar la situación o las circunstancias. Aunque sean iguales en valor, el Encaje perfecto nos recuerda que las personas no son iguales: cada una es adecuada para una tarea, un trabajo o una misión concretos. El punto en común se remonta a usar la fortaleza única de una persona como base de la contratación; cada persona tiene una medida de grandeza.

Esta idea es fundamental para nuestra cultura corporativa. Dicho esto, el ascenso a gerente junto con la adopción de otras personas a su cargo revela el carácter. Cualquier gerente corre el riesgo de perder de vista este valor fundamental y alejarse de una tipología amplia de gerente (el igualitario) y acercarse a la otra tipología amplia (el elitista).

Un elitista se cree mejor que cualquiera, sobre todo si está a sus órdenes. Los elitistas verán mi función de director ejecutivo y situarán mi valía como persona por encima de la del gerente de tienda. Es cierto que mi cargo, mi responsabilidad y mi autoridad son superiores en este contexto, pero el gerente de tienda no es menos importante. No se trata de la comprensión del trabajo, la aptitud o el rendimiento directo. Se trata de la actitud hacia el prójimo. En el fondo, el elitismo es la falta de respeto hacia otra persona. En los negocios, es un desastre a punto de ocurrir; siempre conduce al fracaso si no se controla. Los elitistas ahuyentan a los buenos empleados y socavan las relaciones con los clientes. El resultado es una rotación de personal poco saludable. La experiencia me dice que las personas que necesitan menospreciar a los demás para reforzarse a sí mismas acaban por destruir y dañar todo: el equipo, la tienda y el rendimiento de la empresa.

El despido de Arthur Blank y Bernie Marcus de Handy Dan Home Improvement Centers los pilló por sorpresa. Sintiéndose como unos fracasados de mediana edad, usaron su desagradable experiencia para animarse a fundar The Home Depot. Estos dos hombres acabaron reinventando una categoría minorista. La amabilidad marcada por el dolor y la vergüenza seguramente moldearon su manera de tratar a los empleados al fundar la empresa. Se dieron cuenta de que hay que tratar a los propietarios sin experiencia en bricolaje como personas, no como expertos en reparaciones. En The Home Depot, empleados muy experimentados y bien capacitados imparten consejos, esperanza y ánimo, junto con muchos productos necesarios para hacer bien el trabajo. Bernie y Arthur impulsaron la Estrategia de salarios prósperos y construyeron un imperio de almacenes.

Por el contrario, Bob Nardelli, el ex director ejecutivo de The Home Depot, con una breve permanencia en el cargo y sobre el que se han escrito muchas crónicas, aportó un enfoque elitista a los empleados, clientes e inversionistas de este operador minorista. Su estrategia inicial consistió en reemplazar a los empleados de larga duración y mejor pagados por empleados a tiempo parcial con el objetivo de aumentar las utilidades. Se aprovechó del valor de la marca, pero erosionó la cultura de la empresa y la capacidad de las personas de generar utilidades. Como era de esperar, las ventas cayeron drásticamente al materializarse las consecuencias de su estrategia de obtención de utilidades a corto plazo. En mayo de 2006, la junta anual de la empresa duró treinta minutos simbólicos y Nardelli ignoró las preguntas de los accionistas. No se trataba de estrategia, sino de elitismo desbocado, expresado en una serie de actos groseros y desprecio por las personas. Por ello, The Home Depot pagó el precio: Su pérdida de participación en el mercado ha sido la ganancia de Lowe's Home Improvement Centers.

Los elitistas tienen grandes dificultades con el principio de equidad. En la raíz de la equidad está el respeto básico a otra persona, que es la base de la integridad, la honradez y el trato directo con los demás. Los elitistas suelen arruinar las cosas bajo su dirección, o al menos les quitan toda la diversión. Describimos a los elitistas como personas que "simplemente no juegan bien con los demás".

Sin embargo, los gerentes igualitarios rara vez pierden el ritmo en sus relaciones, porque respetan a las personas y no juegan juegos de poder. Nuestros gerentes aceptan el poder con gracia, mostrando su verdadero carácter; no se obsesionan con el estatus o el título. Contribuyen a que los miembros del equipo aprendan y destaquen en servicio al cliente. Ni su posición ni la autoridad se les sube a la cabeza. El gerente igualitario trata de comprender a las personas con las que trabaja, nunca asume que tiene todas las respuestas y busca sinceramente la opinión de los demás. El respeto a la otra persona se da libremente, incluso en el desacuerdo. Los gerentes igualitarios aprovechan el potencial y las fortalezas de las personas, en lugar de explotar sus debilidades como hacen los elitistas.

Los igualitarios son por naturaleza personas amables, y ese es el tipo de personas que contratamos y promocionamos.

SMART MOVE 22
Aspire a la excelencia en todas las funciones.

La excelencia en cada función es un corolario de la SMART Move 20, "Convénzase de que no existen trabajos insignificantes". Mientras que esa SMART Move establece un estándar mínimo, la excelencia en cada función eleva las expectativas en toda la empresa.

Dado que todos los puestos de trabajo son esenciales y contribuyen al éxito general de la empresa, es lógico que esperemos excelencia en cada uno de ellos. Independientemente de si uno forma parte del equipo de una tienda o de la sede central, medimos el rendimiento según nuestra definición de excelencia en el trabajo.

Esto no es puro lenguaje corporativo. El valor que la excelencia tiene para nosotros refleja nuestro compromiso de conseguir a los mejores en los puestos adecuados y de recompensar las acciones y los comportamientos correctos. Cubrir cada puesto con los mejores talentos proporciona un lugar de trabajo positivo y estimulante, lleno de innovación, diversión y crecimiento constante. La excelencia engendra más excelencia. Sirve tanto para atraer como para retener a personas de Encaje perfecto. En última instancia, nuestra actitud hacia la excelencia aporta una ventaja estratégica a cada uno de los rubros contables de la declaración de ingresos, en cada fase del negocio y en cada fibra de nuestra cultura corporativa.

RESUMEN DEL CAPÍTULO

PUNTOS CLAVE

* Asumiendo que cuenta con personas con talento, la única cuestión importante es la idoneidad para el puesto. Una persona trabajadora en un puesto inadecuado está abocada al fracaso. En cambio, una persona con un Encaje perfecto tiene más posibilidades de sobresalir y triunfar.

* El concepto de Encaje perfecto se aplica tanto a empleados como a clientes e inversionistas. El mayor control lo tenemos sobre los empleados. La evaluación del ajuste de un empleado dentro de nuestra empresa es, por tanto, de gran importancia para el crecimiento y el rendimiento final del negocio.

* El Encaje perfecto mejora sustancialmente el potencial de éxito. Un encaje inadecuado socava la rentabilidad y la cultura de nuestra empresa.

* Si en su equipo hay miembros de la "sociedad de los miserables", ¡despídalos!

* Las personas que no encajan deben trasladarse a un lugar donde sí sean en Encaje perfecto.

SMART MOVE 15

Evalúe el rendimiento siguiendo una posición radical: se queda o se va.

La evaluación del Encaje perfecto se divide en dos grandes categorías: el cumplimiento de las medidas de rendimiento y la adopción de nuestra cultura y valores. En ambas se trazan líneas firmes. El rendimiento y los valores deben estar alineados, o deben producirse cambios.

SMART MOVE 16

Implemente el sistema salarial de banda ancha,
o *broadbanding* en respuesta al Principio de Peter.

La nuestra no es una empresa de "subir o irse", así que evitamos el Principio de Peter. "Subir o irse" es un método de gestión fallido porque aleja a las personas de su Encaje perfecto por los motivos equivocados. Los miembros de nuestro equipo no tienen que conseguir un ascenso para ganar más dinero; pueden hacerlo pasando a otro nivel dentro de su puesto actual.

SMART MOVE 17

Desarraigue la "sociedad de los miserables".

Los empleados o están comprometidos o no lo están. Nuestra Ruta estratégica alienta a los comprometidos y disipa a los desconectados.

SMART MOVE 18

Contrate solo personal a tiempo completo.

No contamos con empleados a tiempo parcial; solo trabajan con nosotros empleados dedicados a tiempo completo. El empleo a tiempo parcial conduce a un menor nivel de compromiso o incluso a un sentimiento dividido de lealtad si se compara con el caso de un empleado plenamente comprometido. Por eso, nuestra práctica consiste en contratar solo a empleados a tiempo completo, dedicados y comprometidos con lo que hacen y cómo lo hacen.

SMART MOVE 19

Lleve a cabo revisiones periódicas de cada empleado.

A las personas les gusta saber en qué situación se encuentran. Esto puede implicar conversaciones muy difíciles que tanto el gerente como el empleado prefieren evitar. Pero evitarlas no es un buen método de gestión. Para asegurarnos de que cada empleado sepa en qué situación se encuentra, hemos adoptado un enfoque sistemático: la revisión trimestral del expediente. Al menos cuatro veces al año, el gerente y el colaborador se reúnen para confirmar que exista un Encaje perfecto. ¿Está la persona aprovechando al máximo lo que podemos ofrecerle en términos de crecimiento y ganancias? ¿Está recibiendo la empresa toda la contribución que puede dar esta persona a su productividad personal y a su equipo?

SMART MOVE 20
Convénzase de que no existen trabajos insignificantes.

Todos los puestos son importantes. Esto significa que en cualquier empresa de éxito tan solo hay personas importantes en puestos importantes. Es responsabilidad de la gerencia infundir valor en el trabajo de cada empleado para transmitir este sentimiento de importancia.

SMART MOVE 21
Fomente un enfoque igualitario en lugar de elitista.

Nuestro enfoque igualitario de los negocios se basa en creencias profundamente arraigadas en la dignidad y la igualdad inherentes a la persona, independientemente de su posición en la vida, en la sociedad o en nuestra empresa. Esta visión se aplica por igual a nuestros empleados, clientes e inversionistas. En contraposición, existe una visión elitista: una perspectiva de "nosotros" y "ellos" que evoca un sistema social basado en castas. Esta actitud de "superioridad moral" es, en última instancia, una forma de degradar a los demás para situarse por encima de ellos.

SMART MOVE 22
Aspire a la excelencia en todas las funciones.

La excelencia en cada función es un corolario de la SMART Move 20, "Convénzase de que no existen trabajos insignificantes". Mientras que esa SMART Move establece un estándar mínimo, la excelencia en cada función eleva las expectativas en toda la empresa.

CAPÍTULO 5

CAPACITACIÓN ADECUADA: ¿CÓMO CAPACITA A LOS MIEMBROS DE SU EQUIPO?

> Todos los seres humanos no son voluntariamente inteligentes; es preciso enseñarles. Todos los seres humanos son incapaces de escapar de la monotonía del trabajo poniendo a trabajar la inteligencia; es preciso enseñarles. Todos los seres humanos son incapaces de ver la sabiduría de adecuar los medios a los fines, de conservar los materiales (que son sagrados como resultado del trabajo de otros), de ahorrar el bien más preciado: el tiempo; es preciso enseñarles.
>
> **Henry Ford, *Today and Tomorrow* (*Hoy y mañana*)**

EL SUEÑO AMERICANO SIGUE VIGENTE EN NUESTRA EMPRESA, PERO COMO DIRÍA FORD: "ES PRECISO ENSEÑARLO". Por eso invertimos anualmente un promedio de cuarenta horas de capacitación formal para cada miembro del equipo, además de la constante formación en el puesto de trabajo. Nuestra Estrategia de salarios prósperos no es el límite de la oportunidad; nuestra Ruta estratégica es solo el principio de lo que es posible. La prosperidad en sus múltiples formas está disponible aquí para cualquier miembro del equipo. Si la prosperidad es la promesa a nuestros colaboradores, la Capacitación adecuada es el cumplimiento de esa promesa.

CAPACITACIÓN ADECUADA

```
                                              ┌─────────────────┐
                                              │ Aumento del Precio│
                                              │  de las Acciones │
                                              └─────────────────┘

        ┌──────────────┐                      ┌──────────────┐
        │ Identificación de│                  │  Aumento de las │
        │   Fortalezas  │                      │ Utilidades Reales│
        └──────────────┘                      └──────────────┘

┌──────────────┐   ┌──────────┐         ┌──────────────┐
│ Estrategia de │   │  Encaje  │         │  Crecimiento │
│Salarios Prósperos│ │ Perfecto │         │  Sostenible  │
└──────────────┘   └──────────┘         └──────────────┘

                ┌──────────────┐      ┌──────────────┐
                │  Capacitación │      │    Clientes  │
                │    Adecuada   │      │ Comprometidos│
                └──────────────┘      └──────────────┘

              ┌──────────────┐      ┌──────────────┐
              │    Gerentes  │      │   Empleados  │
              │  Excepcionales│      │ Comprometidos│
              └──────────────┘      └──────────────┘

                      ┌──────────┐
                      │  Grandes │
                      │  Equipos │
                      └──────────┘
```

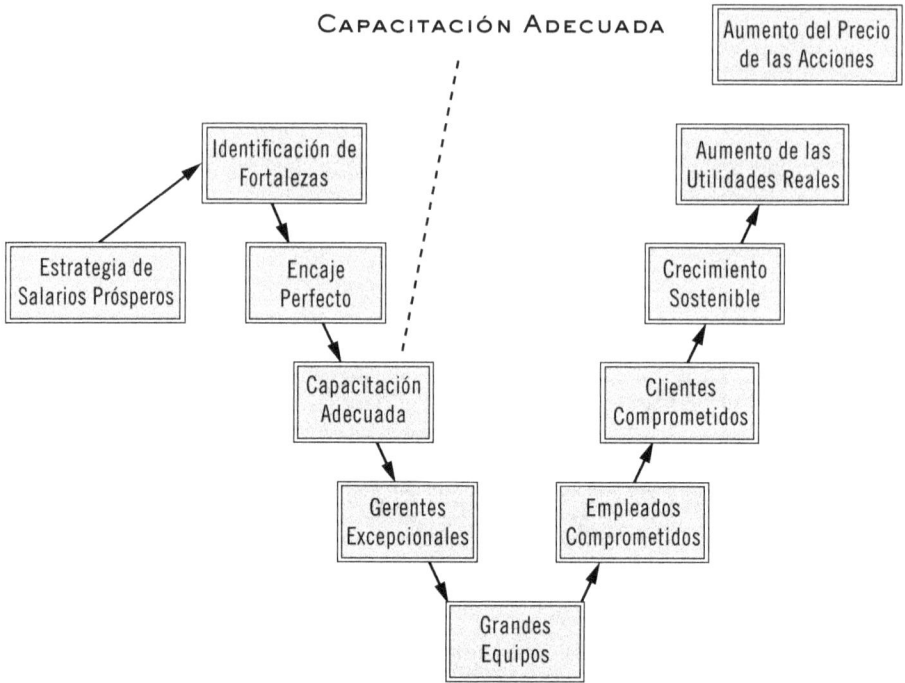

En el espíritu humano está arraigado el deseo de sobresalir, marcar la diferencia y ser reconocido y recompensado por el propio rendimiento. La libertad de perseguir y cosechar los frutos del trabajo legítimo es lo que hace que los Estados Unidos de América sean una gran nación. Los ciudadanos de los EE. UU. y los inmigrantes comparten la esperanza de asegurar una vida mejor para sus familias a través del sueño de la oportunidad, la riqueza y la casa propia.

Sin embargo, perseguir el sueño americano está plagado de frustraciones y desafíos. Las estadísticas relativas a la propiedad de pequeñas empresas revelan enormes índices de fracaso. Las empresas estadounidenses pueden ofrecer trabajo y beneficios, pero con demasiada frecuencia el espíritu de la persona se ve aplastado por las limitaciones, las intrigas de oficina y los obstáculos que impiden alcanzar la excelencia.

El objetivo de nuestro sistema de capacitación es liberar y canalizar el talento. Los miembros de nuestro equipo son personas con mentalidad empresarial que persiguen el sueño americano. Cada colaborador está capacitado para dirigir un negocio desde su caja. Cada gerente está capacitado para dirigir un negocio que genere más de seis cifras mensuales. Cada líder de región está capacitado para supervisar a los gerentes y supervisar un negocio de varias unidades que genere hasta 10 millones de dólares al año.

La Capacitación adecuada no supera los errores inherentes a la ecuación empresarial o a la mentalidad de un líder. Los minoristas, en particular, tienen fama de pagar salarios bajos. Esto crea problemas desde el principio. ¿Hace falta realmente especular sobre por qué el sector minorista muestra en general una rotación de personal tan acelerada, hurtos incontrolados, malas calificaciones en el servicio al cliente, repetidos fracasos empresariales, pérdida de ingresos y absentismo? (No hay más que ver las difíciles historias de empresas como Circuit City y Sears). Una gran capacitación produce un verdadero retorno de la inversión; cuando se sigue el camino opuesto, los resultados negativos están a la vista de todos.

Decir que nuestra capacitación comienza el primer día de trabajo de una persona sería desinformar. De hecho, nuestra capacitación comienza desde el primer momento en que un candidato entra en contacto con nuestra empresa como cliente, como asistente a una feria de empleo, como visitante de nuestro sitio web o de innumerables maneras más. Nuestro proceso de entrevistas inicia nuestro proceso de orientación. Incluso si no contratamos a esa persona, es posible que acabe recomendando a un amigo o compañero que encaje mejor en nuestro equipo.

Una vez contratado, cada nuevo miembro del equipo pasa por tres días de orientación formal para aprender sobre nuestra empresa y cómo operar en nuestro negocio. Además, los empleados reciben cuarenta horas adicionales de capacitación en diamantes y joyería durante su primer año. Esta dosis de capacitación previa es casi inaudita en el sector minorista. A lo largo de su carrera, los miembros del equipo recibirán una combinación de capacitación formal e informal.

Uno de nuestros valores fundamentales es promover una cultura de aprendizaje para que cada día mejoremos en lo que hacemos. Repito, esto no es palabrería. Nuestra capacitación formal es sistemática, programada y en constante mejora; su éxito se mide por nuestros resultados financieros.

La capacitación es la parte del aprendizaje y la comunicación en la que los gerentes liberan las fortalezas de las personas y nutren sus talentos, para que puedan alcanzar todo su potencial. Sin embargo, los esfuerzos realizados por la gestión solo pueden llegar hasta cierto punto. Invariablemente, el aprendizaje entre colegas es la mayor fuente de capacitación cotidiana. Cuando un miembro del equipo ayuda a otro, ambos aprenden. Nuestros equipos son nuestra mejor fuente de ideas, innovación y capacitación. Nuestras tiendas son los verdaderos laboratorios de aprendizaje de la capacitación continua. El reto es facilitar la rápida difusión de estas mejoras en todas nuestras operaciones. En el ámbito de la gestión, estamos recopilando y empaquetando las mejores SMART Moves de las tiendas y comunicándolas a toda la empresa. Ninguna persona reclama la propiedad de estas ideas. La clave está en saber lo que funciona.

Sin importar si nuestro crecimiento nos lleva a Ginebra, Florida, o a Ginebra, Suiza, llevamos el sueño americano a los miembros del equipo que lo merezcan. Nuestra Ruta estratégica es un plan para la prosperidad. Conecta los puntos de la relación trinitaria (empleados, clientes, inversionistas) para que los tres actúen en realidad como uno solo. Pero la prosperidad adopta muchas formas, no solamente la financiera. Con la capacitación adecuada, la autoestima y el valor neto pueden alinearse sinérgicamente para producir una prosperidad saludable que sirva de información, inspiración y estímulo para que los miembros de nuestro equipo alcancen niveles aún más altos.

SMART MOVE 23
Envíe a los empleados a un centro de formación de la empresa.

El Strategic Management Awareness and Resource Training Camp (Campamento de formación en recursos y concienciación sobre gestión estratégica) o Campamento SMART (por sus siglas en inglés), es el nombre del programa de capacitación para todos los gerentes, todos los miembros del equipo de la sede central y otras personas seleccionadas. Sus programas contribuyen al compromiso de los empleados, la satisfacción del cliente y el valor para los accionistas.

Los Campamentos SMART son eventos de tres días que combinan capacitación, actualizaciones, intercambio de opiniones, revisión de libros, eventos sociales, celebraciones y camaradería. Es nuestra versión del centro de capacitación de Crotonville de General Electric. Alrededor de veinticinco personas asisten cada mes a un Campamento SMART; los asistentes proceden de una muestra representativa de la empresa. A lo largo de un año, todos los directores de operaciones, gerentes de tienda, asistentes de gerencia y gerentes en formación asisten al Campamento SMART.

El grupo que se reúne cada mes es lo suficientemente grande como para ser diverso, pero lo suficientemente pequeño como para crear relaciones reales y permitir debates significativos. Las mesas se colocan en nuestra sala de reuniones formando un rectángulo grande y abierto, de modo que todo el mundo pueda establecer contacto visual; se fomenta la participación. Los asistentes al Campamento SMART se agrupan por nivel de formación y reciben una capacitación adecuada a su progreso en la curva de aprendizaje. El Campamento SMART 101 es para los miembros del equipo que llevan con nosotros un año o menos; el 201 es para los que llevan dos años en el puesto; y el 301 es para los miembros del equipo con tres años o más de experiencia. El personal de la sede central también asiste a estas sesiones de capacitación.

El programa habitual del nivel 101 del Campamento SMART es el siguiente:

> **Día 1:** Comienza con una presentación general de la empresa a cargo del director ejecutivo. Normalmente, nuestro equipo de altos directivos está presente. Se trata de una presentación abierta y honesta: una actualización de nuestros resultados financieros, operaciones y personal. Se admiten preguntas y otros temas. A continuación se realiza una reseña de libros (SMART Move 24), en la que se asignan capítulos a pequeños grupos específicos para que los presenten al grupo. Esta interacción aumenta el compromiso.
>
> **Día 2:** Dedicamos este día a la capacitación en destrezas específicas, según corresponda al desarrollo personal o profesional de cada grupo. A continuación, celebramos un acto social en grupo, en el que los asistentes pueden interactuar y conocer a compañeros de otras tiendas.
>
> **Día 3:** Los asistentes recorren las tiendas locales para observar y aprender sobre limpieza, servicio y mercadotecnia. Después de comer, se debate sobre lo observado y lo que podría aplicarse en tal o cual tienda. Este día concluye siempre con una cena grupal.
>
> **Días 4 y 5:** Se imparten más destrezas, según convenga a la permanencia y los retos de cada grupo. Posteriormente, los principales miembros del equipo de altos directivos regresan para clausurar esta sesión del Campamento SMART.

¿Cuál es el valor del Campamento SMART? Aunque los costos funcionales y operativos de una sesión de un Campamento SMART son elevados, sigue siendo una de las mejores inversiones en nuestros colaboradores, ya que el rendimiento de un equipo inteligente y trabajador paga dividendos en la duración de su empleo. Se trata de una actividad para mantener unida a la empresa por medio del liderazgo y la cultura. El Campamento SMART es un negocio inteligente, ya que desarrolla las destrezas empresariales de los miembros de nuestro equipo, forma relaciones y promueve la cultura de nuestra empresa. Todo ello contribuye al compromiso de los empleados, el compromiso de los clientes y el valor para los accionistas.

Otros niveles del Campamento SMART incluyen capacitación avanzada para operaciones y técnicas de préstamos. También hay capacitación específica sobre cómo programar el tiempo y las actividades usando diversas herramientas que ponemos a disposición de nuestros empleados. Estos Campamentos SMART son muy dinámicos, y los modificamos y actualizamos en función de las necesidades.

SMART MOVE 24

Construya inteligencia empresarial mediante reseñas de libros.

Las reseñas de libros de estrategia empresarial son nuestra arma secreta para formar equipo. Permiten intercambiar relaciones e ideas, y desarrollan líderes seguros y preparados en nuestra profesión. Cada reseña es una presentación en equipo que se realiza con el objetivo de divertirse y aprender.

La preparación previa para la reseña de un libro específico forma parte del compromiso de cada participante con el Campamento SMART. La reseña de libros típica tiene lugar el primer día del Campamento SMART con un moderador que conoce el material que se va a tratar. Se trata de una actividad de grupo; cada asistente presenta uno o más capítulos del material de lectura seleccionado.

Se anima a los presentadores a que expongan sus impresiones sobre el material y a que señalen al menos un aspecto concreto de su sección del libro que puedan "llevarse consigo". Una vez que el presentador ha terminado de exponer el material asignado, el moderador invita a los asistentes a comentar y debatir. Los debates son dirigidos por el moderador hacia cómo dicha información puede ser útil para los miembros del equipo en el transcurso de sus actividades cotidianas.

Estos eventos dinámicos de aprendizaje van desde informes orales básicos a presentaciones en PowerPoint o escenificaciones. Ocasionalmente, dos o más presentadores debatirán el material en equipo y lo presentarán al grupo. Esta parte del programa del Campamento SMART fomenta el trabajo en equipo y es una sesión ideal para "conocerse".

Participar en las reseñas de libros suele ser un gran momento. Sin embargo, la diversión no pierde terreno frente a la funcionalidad y el aprendizaje. Invariablemente, las ideas y la comprensión que se extraen de los libros refuerzan directamente nuestros métodos y consolidan el pensamiento de los empleados. Muchas ideas y mejoras realmente geniales nacen de estas reseñas de libros. La mejor manera de poner a todo el mundo de acuerdo es leyendo un libro. Con este fin, muchos de nuestros gerentes realizan reseñas de libros en las tiendas usando los libros del Campamento SMART.

A lo largo de los años, nos hemos decidido por los siguientes libros para los tres primeros años del Campamento SMART:

- En Campamento SMART 101 se lee *First, Break All the Rules (Primero, rompa todas las reglas),* de Marcus Buckingham y Curt Coffman. Este libro describe lo que hacen los mejores gerentes y cómo se apartan de la sabiduría convencional.

- En el Campamento SMART 201 se lee el libro de Jim Collins *Good to Great* (*De bueno a genial*). En este momento, los asistentes están bastante familiarizados con nuestra cultura. Este libro introduce el pensamiento estratégico y sistémico en su mentalidad empresarial en un intento de que trabajen de un modo más ingenioso. Nuestra Ruta estratégica cobra aún más vida.

- El Campamento SMART 301 lee *The 7 Habits of Highly Effective People (Los 7 hábitos de la gente altamente efectiva)*, de Stephen Covey. Para este momento los asistentes son competentes en casi todas las fases del trabajo, así que el objetivo es conseguir que se enfoquen en sí mismos.

Las reseñas de libros ofrecen muchos beneficios además del contenido de sus portadas. Hay empleados que me han dicho en innumerables ocasiones que no habían leído un libro desde la época escolar, y gracias al Campamento SMART ahora leen libros constantemente. Las reseñas de libros son la mejor actividad de formación de equipos que he experimentado. A menudo nos lleva a comparar notas y a compartir informalmente los buenos libros que hemos leído recientemente. Esta SMART Move implica un aprendizaje que se extiende a todas las áreas de la vida.

A menudo reunimos a un grupo de personas identificadas como recomendables para participar en reseñas especiales de libros. Entre ellos se encuentran clásicos del mundo empresarial de la talla de Henry Ford, Peter Drucker y Tom Watson. Estos libros amplían la visión de los negocios y la comprensión de lo que somos.

Nuestra Ruta estratégica está impresa en el corazón y la mente de nuestro equipo. Cada reseña de libros refuerza inevitablemente lo que todos nuestros colaboradores saben que es cierto sobre cómo llevamos a cabo nuestra actividad. Otro comentario frecuente que escuchamos es: "El autor dice que hay que hacer tal y tal cosa, y aquí ya lo estamos haciendo". A veces, los individuos no están de acuerdo con el autor, y otras personas se apresuran a opinar. Las reseñas de libros generan confianza y crean contexto dentro de nuestra empresa. Las personas adquieren perspectiva y se dan cuenta de que los peces gordos no tienen nada que envidiarnos. Luchar con algunas de las mejores ideas empresariales disponibles da energía y compromete a nuestro equipo.

Los lectores son líderes. No hay duda. El aprendizaje hace que la mente se aleje del trabajo, permite que se abra a nuevas posibilidades y nuevas maneras de pensar, además de reforzar los comportamientos positivos. Ninguno de nosotros es perfecto, pero eso no debe impedirnos mejorar cada día, en cada momento. Acceder a la sabiduría de los grandes pensadores en los libros es como buscar oro: Las pepitas del tesoro salen inevitablemente a la luz.

Las reseñas de libros son, sin duda, nuestra arma secreta para formar equipo, intercambiar relaciones e ideas y desarrollar líderes seguros y preparados en nuestra profesión.

RESUMEN DEL CAPÍTULO

PUNTOS CLAVE

- Según Henry Ford, es preciso enseñar todos los elementos de un trabajo eficaz y productivo. Esto significa que la capacitación es esencial para que una empresa sea rentable.

- Nuestra empresa considera la capacitación como una inversión, no como un gasto. La capacitación a lo largo de nuestra Ruta estratégica conduce a la prosperidad de empleados, clientes e inversionistas por igual.

- Las personas deben estar dispuestas a aprender y deben transmitir lo que han aprendido tanto del éxito como del fracaso.

SMART MOVE 23

Envíe a los empleados a un centro de formación de la empresa.

El *Strategic Management Awareness and Resource Training Camp* (Campamento de formación en recursos y concienciación sobre gestión estratégica) o Campamento SMART (por sus siglas en inglés), es el nombre del programa de capacitación para todos los gerentes, todos los miembros del equipo de la sede central y otras personas seleccionadas. Sus programas contribuyen al compromiso de los empleados, la satisfacción del cliente y el valor para los accionistas.

SMART MOVE 24

Construya inteligencia empresarial mediante reseñas de libros.

Las reseñas de libros de estrategia empresarial son nuestra arma secreta para formar equipo. Permiten intercambiar relaciones e ideas, y desarrollan líderes seguros y preparados en nuestra profesión. Cada reseña es una presentación en equipo que se realiza con el objetivo de divertirse y aprender.

CAPÍTULO 6

GERENTES EXCEPCIONALES: ¿CÓMO SE CONSTRUYE UN RENDIMIENTO TAN HOMOGÉNEO EN TODA LA EMPRESA?

Creo que no es más difícil construir algo grande que construir algo bueno. Puede que estadísticamente sea más raro alcanzar la grandeza, pero no requiere más sufrimiento que perpetuar la mediocridad.

Jim Collins, *Good to Great* (*De bueno a genial*)

Los gerentes son el punto de apoyo de nuestra estrategia de personal. Son la fuente de nuestro rendimiento presente y futuro. No hay nada que produzca y pronostique más rentabilidad que la continuidad y la rotación de gerentes. Cada mes supervisamos, medimos e informamos acerca de estas estadísticas a través de toda la cadena de nuestro equipo administrativo, hasta llegar a la junta directiva. "Gerentes excepcionales" es más que un rótulo en un recuadro de nuestra Ruta estratégica; representan un intenso estándar de excelencia que es la piedra angular del concepto de equipo. Por encima de todo, este hito de la Ruta estratégica se refiere a las personas que dirigen y administran las tiendas hasta alcanzar el éxito: los "dueños" de pequeñas empresas cuyos esfuerzos personales constituyen colectivamente los resultados de nuestra empresa.

GERENTES EXCEPCIONALES

```
                                            ┌──────────────────┐
                                            │ Aumento del Precio│
                                            │  de las Acciones  │
                                            └──────────────────┘

        ┌──────────────┐                         ┌──────────────┐
        │Identificación│                         │ Aumento de las│
        │ de Fortalezas│                         │Utilidades Reales│
        └──────────────┘                         └──────────────┘

┌──────────────┐  ┌──────────┐           ┌──────────────┐
│ Estrategia de│  │  Encaje  │           │ Crecimiento  │
│Salarios Prósperos│ Perfecto │           │  Sostenible  │
└──────────────┘  └──────────┘           └──────────────┘

              ┌──────────────┐         ┌──────────────┐
              │ Capacitación │         │   Clientes   │
              │   Adecuada   │         │ Comprometidos│
              └──────────────┘         └──────────────┘

              ┌──────────────┐         ┌──────────────┐
              │   Gerentes   │         │  Empleados   │
              │ Excepcionales│         │ Comprometidos│
              └──────────────┘         └──────────────┘

                      ┌──────────────┐
                      │   Grandes    │
                      │   Equipos    │
                      └──────────────┘
```

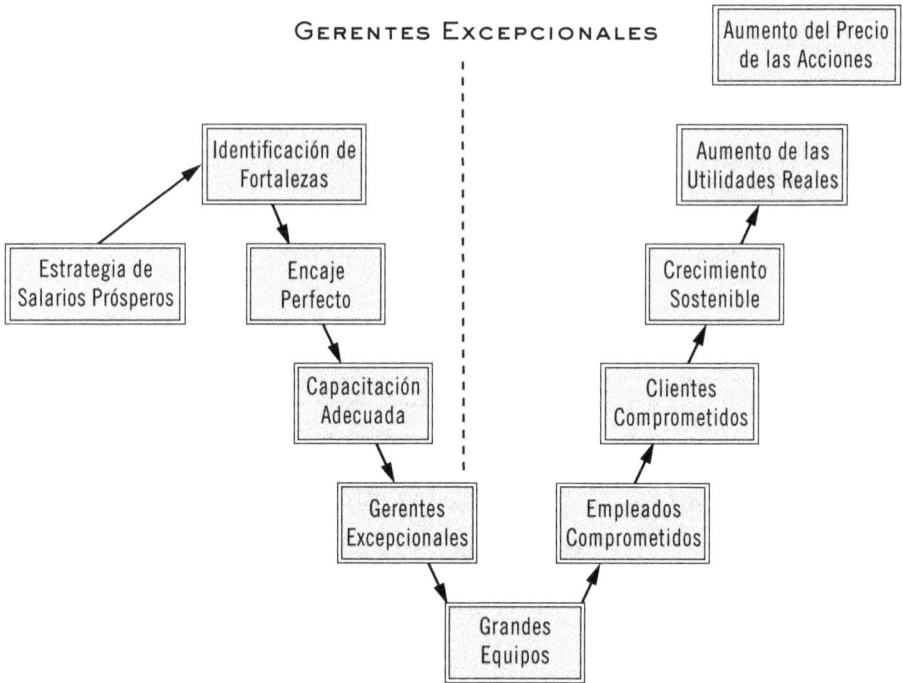

Cada gerente dirige un centro de rentabilidad llamado "tienda". Nuestros gerentes dirigen la tienda, construyen el equipo, extienden nuestra cultura de empresa y producen resultados. Los gerentes son la diferencia entre lo suficientemente bueno y lo excelente. Promovemos el "individualismo" como estilo de administración. En esencia, eso significa que los gerentes pueden tratar a cada persona de un modo diferente, presionando los botones adecuados para obtener resultados.

Los Gerentes excepcionales pueden considerarse esencialmente "alquimistas de personas" que transforman con éxito los talentos básicos de quienes están a su cargo en destrezas que producen una rentabilidad de oro ... y mucho más. Es cierto que sacan lo mejor de las personas, pero su trabajo no es magia. Se trata de ciencia y arte unidos en nuestra Ruta estratégica para crear la mejor experiencia de trabajo para un colaborador altamente seleccionado, adecuadamente situado, bien capacitado y significativamente comprometido. Todo ello se traduce en una tremenda experiencia para el cliente que eleva nuestra reputación, fidelidad a la marca y rentabilidad. Los gerentes son maestros locales de la prosperidad.

Los Gerentes excepcionales ayudan a los miembros de su equipo a transformar su talento natural y sus fortalezas innatas para lograr una alta productividad y rentabilidad. Los Gerentes excepcionales explican a los miembros de su equipo hasta qué punto marcan la diferencia para los clientes y, a cambio, se ven recompensados con el fruto de su trabajo. ¿Qué puede ser más importante?

GUARDIANES DE NUESTRO FUTURO

La investigación nos ha enseñado que los empleados no abandonan las grandes empresas, sino a los malos gerentes. Si hay un problema de rotación de personal en una empresa y se ha descartado como causa un proceso de selección ineficaz, entonces hay que fijarse en los gerentes. Cuando tenemos una tienda con mucha rotación de personal, hay un problema con el gerente. Sin embargo, no debemos dejarlo todo sobre los hombros de nuestros gerentes. A menudo se dice que el liderazgo es solitario; no es nuestro caso. Cada uno de los gerentes cuenta con el respaldo y el apoyo de un jefe de región, nuestro director de operaciones y el equipo de la sede central.

Identificar, contratar, capacitar y cultivar Gerentes excepcionales es, por tanto, la máxima prioridad de nuestra estrategia de personal. Nuestra cantera de candidatos a gerentes es el sistema que usamos para formar a nuestra próxima generación de gerentes. Como era de esperar, los gerentes se benefician de nuestra Estrategia de salarios prósperos. Identificamos ciertas fortalezas (algo diferentes a las de un vendedor) en busca de un Encaje perfecto, y luego proporcionamos la capacitación adecuada para producir Gerentes excepcionales. Se trata de un proceso de dos años, pero funciona. El primer año que desempeña esa función, un gerente produce más de $375,000 en ingresos netos a nivel de tienda. He aquí la razón: El 90% de nuestros gerentes son contratados con la intención de que lleguen a ser gerentes, mientras que solo el 10% procede de las filas de nuestros asistentes de gerencia o vendedores. Debido a su temperamento particular, los gerentes son más aptos que el típico vendedor para dirigir personas. Lo mismo puede decirse de las diferencias entre el corredor inmobiliario que dirige una empresa y el agente que se encarga de hacer los recorridos con los clientes.

Los gerentes tienen una capacidad innata para la gestión administrativa, el desarrollo del personal y los controles eficaces. Aun así, quienes ocupan puestos de gerencia en nuestro equipo han de ser examinados, capacitados y puestos a prueba antes de ganarse la oportunidad de dirigir una tienda multimillonaria. Aunque están marcados para un puesto de gerente, la mayoría de los candidatos a gerentes suelen empezar su carrera aprendiendo a ser vendedores excepcionales. Aprenden nuestro negocio de primera mano, adquieren un gran aprecio por nuestros clientes, y adquieren un conocimiento sin igual sobre cada tipo de transacción en la tienda.

Aparte de ser competente como vendedor y dominar todas las funciones de la tienda, cada candidato a gerente debe desarrollar una serie de destrezas y experiencias relacionadas con la gestión empresarial. A lo largo del proceso, se realiza un trabajo de observación periódica del candidato por parte de un equipo completo de mentores in situ: un asistente de gerencia, un gerente y un jefe de región. Me encargo directamente de supervisar y evaluar constantemente el rendimiento de los candidatos a gerente. Mensualmente realizo una revisión de estas medidas y presento a nuestra junta directiva un "Informe de rotación de personal y continuidad"; estas estadísticas son los principales indicadores de nuestra rentabilidad a corto y largo plazo.

Todo este proceso de preparación precede al nombramiento de cualquier persona como gerente de una determinada tienda. Al dar tiempo a los candidatos para aprender, madurar y acumular experiencia, fomentamos la confianza y la competencia. Es como un sistema gremial con aprendices, oficiales y maestros, salvo que nosotros los llamamos asistentes, gerentes y jefes de región. Desarrollarnos desde dentro a lo largo del tiempo es nuestra mejor opción si queremos obtener una rentabilidad sostenible.

PRIMERO LA PERSONA, LUEGO EL EQUIPO

Brownie Wise, el innovador del sistema de fiestas caseras Tupperware en los años 50, dijo: "Si quiere construir el negocio, construya a las personas". Con el debido respeto a Brownie, modificaré aquel enunciado para decir: "Si quiere construir el negocio, construya a los gerentes". El concepto de construir personas es demasiado amplio y abrumador desde el punto de vista de la empresa, así que nos centramos en formar gerentes que a su vez formen al equipo.

Somos plenamente conscientes de que estamos en el negocio de transformar a personas cotidianas en ganadores cotidianos. Nuestras tiendas ofrecen una plataforma que nos permite capacitar, plantear retos y evaluar el progreso y la rentabilidad de cada miembro del equipo. A medida que los empleados progresan, también aumentan los beneficios para nuestros clientes e inversionistas. Esta es la esencia de generar utilidades sostenibles. Ha llevado mucho tiempo poner en marcha el motor de la generación de utilidades. Ahora que ya está activo, siempre estamos bajo el capó afinándolo.

Nuestros gerentes son los principales asesores que ayudan a los empleados de sus tiendas a desarrollar y aprovechar mejor su gran potencial. Esto no es una exageración; es una parte importante de nuestra estrategia. A la mayoría de las personas se les enseña a superar sus debilidades. Como se describe en el capítulo 3, nosotros enseñamos a nuestros gerentes a hacer lo contrario, basándose en las fortalezas y sorteando las debilidades. Dado que nuestra Ruta estratégica ayuda tanto a los gerentes como a los empleados a lo largo de este proceso, nos proporciona una enorme ventaja competitiva en este sentido.

Durante décadas, grandes líderes como Tom Watson, Jr. y Henry

Ford, y pensadores como Peter Drucker han reivindicado el enfoque de las fortalezas para el desarrollo de las personas: contratar a personal por sus fortalezas y compatibilidad para el puesto. Amar el propio trabajo es una fortaleza enorme. A medida que enseñamos a un colaborador a utilizar sus fortalezas y a sortear sus debilidades, esa persona madura en su propia vida. Dado que mejorar cada día es un valor fundamental, los miembros de nuestro equipo tienen una capacidad asombrosa para autogestionarse y alcanzar el éxito dentro de nuestro esquema.

Contratamos a hombres y mujeres de calidad que creemos que tienen potencial para trabajar en nuestra empresa toda la vida, y ellos también tienen que creérselo. Nuestra capacitación, supervisión y estándares nos indican si resulta ser así. Somos un lugar de trabajo de alto rendimiento, exigente, muy estructurado y de ritmo acelerado. La gente se agota, y esto cuesta a la empresa mucho dinero cada año. Eso no es positivo, pero es mejor que mantener a los que tienen un bajo rendimiento, que nos costarán incluso mucho más en el futuro al socavar nuestra productividad y erosionar nuestra ética y nuestra cultura. Sin embargo, los que nos dejan nunca se van con las manos vacías. La mayoría se enriquece con el crecimiento personal y los conocimientos adquiridos durante su estancia en la empresa. Se van como mejores personas y están mejor posicionados para encontrar una situación de Encaje perfecto para sus fortalezas.

Nuestra Ruta estratégica es útil para cualquier empresa en la que se busque formar verdaderos equipos, especialmente en el sector minorista, en el que se busca el liderazgo individual de cada tienda. Sin embargo, nuestro método y nuestros principios solo pueden funcionar si la alta directiva invierte y se compromete con el pensamiento estratégico y el diseño esencial de nuestra Ruta estratégica; así es como damos vida a la cultura de la empresa. Es cierto que se trata de un trabajo complejo, similar a desenredar un ovillo envuelto en muchos tipos de hilos: emociones, negocios, preferencias y disciplinas. Sin embargo, nuestro método es muy superior a la alternativa: los métodos de mando y control verticalistas de muchas jerarquías empresariales. La libertad es una poderosa ventaja cuando una empresa compite por el arduo trabajo de los empleados que servirán mejor a los clientes, haciendo posibles todas las ventas y la rentabilidad.

INDIVIDUALISMO

En muchas empresas, el gerente se pasa el día haciendo que las personas cumplan unas normas mínimas de conformidad basadas en un conjunto de reglas, políticas y procedimientos del manual de la empresa. En nuestra opinión, el papel real del gerente debería ser el de un asesor empresarial que permite que cada persona dé lo mejor de sí. Imagínese cómo debe sentirse un Gerente excepcional, sabiendo que las personas adecuadas ocupan los puestos adecuados. Liberamos a nuestros gerentes de la "vigilancia"; en su lugar, el objetivo es liberar las fortalezas de cada persona para obtener el máximo rendimiento. Este tipo de relación crea un vínculo extraordinario de confianza auténtica que se construye con el tiempo, como el que existe entre jugador y entrenador. Es una postura más madura hacia la gestión empresarial, y los que lo consiguen se merecen el cinturón negro del talento y el temperamento de un gerente.

Promover el individualismo requiere un conjunto extraordinario de circunstancias y talento gerencial. Nuestra Ruta estratégica es la hoja de ruta esencial para crear las condiciones adecuadas para que prosperen las personas. Por ejemplo, un gerente tiene que confiar en el vendedor con los objetivos establecidos y debe estar dispuesto a dejar que cada persona encuentre su camino particular hacia el cumplimiento del objetivo semanal de productividad personal. Esto sería difícil para la mayoría de los gerentes, que asumen que "gestión empresarial" significa "Hazlo a mi manera". El individualismo es una cuestión de confianza, una voluntad de dejar que las personas tengan éxito (y a veces fracasen) mientras descubren su camino hacia el éxito.

Es una alternativa adecuada a la conformidad y el control autoritario de una gestión empresarial "a mi manera".

Para complicar las cosas, el individualismo a veces puede parecer injusto porque permite flexibilidad en el modo en que los gerentes tratan a los distintos empleados. Irónicamente, sin embargo, puede ser el más justo de todos los estilos de gestión. En lugar de meter a la fuerza todas las clavijas cuadradas en agujeros redondos, un Gerente excepcional se asegura de que cada miembro del equipo tenga la oportunidad de centrarse en sus fortalezas, a veces alterando la situación o haciendo pequeñas concesiones para que encajen mejor. El objetivo es el beneficio mutuo del empleado, el equipo y la empresa, por no hablar de los clientes e inversionistas, que se benefician de empleados felices y productivos. En esencia, un gerente adapta a cada miembro del equipo a las normas culturales y de rendimiento viables, al tiempo que ofrece un amplio margen de maniobra para la personalidad, las necesidades y la expresión individuales. Lo que funciona para un vendedor puede ser un desastre para otro miembro del equipo. El equipo de tienda debe confiar en que el gerente hace lo correcto para todos los interesados, incluidos los clientes y los inversionistas.

Si asignamos a las personas adecuadas las funciones adecuadas, pero las dejamos en manos de un gerente que no se compromete ni se involucra, ralentizaremos drásticamente la rentabilidad de la tienda. Del mismo modo, el estilo elitista de gestión acaba con la innovación, la conexión y la contribución, y daña la cultura y la fortaleza de la tienda. Fomentar el individualismo por encima de los niveles de rendimiento requiere que el gerente encuentre el equilibrio adecuado entre libertad y supervisión; esto exige creatividad y diplomacia. Dominar estas exigencias lleva tiempo, y por eso invertimos alrededor de dos años en nuestro programa de formación de gerentes.

Nuestros vendedores suelen ser caballos de carrera competitivos que están dispuestos a correr en cuanto se abra la puerta de la tienda. Nuestros gerentes se encargan cual jinetes de que estos purasangres corran rápido y con fuerza, pero sin salirse de la pista. Sigue habiendo normas locales, pero están fijadas y son predecibles. La autogestión surge más rápidamente en presencia de un gerente que de un policía.

Veamos un ejemplo sencillo de cómo nos funciona el individualismo. Nuestras tiendas abren los días laborables de nueve de la mañana a siete de la noche. Una de nuestras vendedoras de mayor rendimiento llegaba siempre tarde a abrir la tienda. Sin embargo, una vez en la tienda, era una de las mejores de la empresa. En la mayoría de las empresas, la habrían amonestado y despedido. En este caso, el gerente de tienda ideó un plan para que se adaptara. Empieza a trabajar a las diez de la mañana y ya no llega tarde. ¡Brillante! Su gerente se centró en los resultados, comprendió su aversión a madrugar, consiguió la aprobación del equipo y tomó las medidas adecuadas dentro de las normas de la empresa para encontrar una solución viable. Funcionó en esta tienda con este gerente y su equipo. ¡Fin del problema!

Los Gerentes excepcionales son flexibles. Pero también saben dónde y cómo trazar una línea divisoria. Se aseguran de que los miembros de su equipo sepan lo que es importante. Nuestra cultura corporativa y nuestros estándares de rendimiento son señales claras que respaldan al gerente y dirigen al equipo. Hasta cierto punto, hay que jugar según las reglas del juego. El objetivo de productividad personal es un hecho. Otro ejemplo son ciertas normativas gubernamentales que exigen un cumplimiento del 100%. Hay que cumplir nuestro propósito y nuestros valores. Aparte de estas directrices, ¡nuestro equipo se lanza al ataque!

PERSONAS SOCIABLES Y MÁS

Los Gerentes excepcionales son seres sociales: les gusta la gente, pero van un paso más allá. Les encanta ver a las personas crecer y desarrollar todo su potencial. Es más, encuentran un profundo significado y satisfacción en tocar la vida de las personas (no en sujetarlas fuertemente), en ser partícipes de ver a una persona crecer y alzar el vuelo. Este auténtico interés por el éxito de los demás no se puede enseñar.

Las personas que se sienten atraídas por el puesto de vendedor suelen necesitar una conexión muy directa entre causa y efecto. Su pensamiento está más en el aquí y ahora, en la línea de "Veamos: si hago lo siguiente, entonces los ingresos serán los siguientes". Los gerentes, sin embargo, se alegran y se sienten recompensados sobre todo por el esfuerzo de los demás: "Si le ayudo hoy, mañana podré . . . ". Para un gerente, la relación causa-efecto no es tan inmediata ni directa. De hecho, cuanto más se asciende en la gestión empresarial, más se retrasa la gratificación, sobre todo a medida que más personas se interponen entre el trabajo y el líder. La tolerancia a la gratificación retardada es un rasgo inherente que también puede moldearse, definirse y desarrollarse.

Cuando un candidato a gerente termina su capacitación como vendedor, se convierte en asistente de gerencia. Este período es decisivo en la vida de un candidato a gerente. Trabajamos para que sea una transición suave y sin esfuerzo, introduciendo responsabilidades de dirección en todo momento. Gracias al sistema salarial de banda ancha, o *broadbanding* (SMART Move 16), los candidatos que no encajan en el puesto tienen una alternativa positiva y bien remunerada que no es abandonar la empresa: pueden montar un negocio personal como vendedores. Posicionarse para el éxito es el nombre del juego. Preferiríamos conservar a nuestros grandes jugadores y pagarles bien antes que sufrir las consecuencias de una rotación de personal poco saludable (SMART Move 2).

Los Gerentes excepcionales caminan sobre una fina línea. Son defensores de sus subordinados y administradores de las oportunidades que les confía la empresa. Esta tensión produce un sistema de controles y equilibrios, al tiempo que deja espacio para la interpretación y la flexibilidad del gerente. Nuestra Ruta estratégica y los numerosos refinamientos de las SMART Moves son en efecto constitucionales, en la medida en que limitan el poder y definen las funciones y responsabilidades. Sin embargo, este tipo de límites generan libertades más amplias y profundas y una sana independencia para los miembros de nuestro equipo con mentalidad empresarial.

SELECCIÓN, DESARROLLO Y RESULTADOS

Nada de lo que hace un gerente es más importante que la *selección de personas*. Elegir a las personas equivocadas lo complica todo. Como arena en un reloj suizo, detienen el impulso operativo de todos y de todo. Mientras tanto, las personas adecuadas hacen que las operaciones sean sencillas y sin complicaciones, acelerando los resultados.

Nadie llega agitando ante nosotros un magnífico currículum de gestión empresarial y a la semana ya está dirigiendo una tienda. Dicho de otro modo, a todo el que llega a nuestra empresa como candidato a gerente le faltan al menos dieciocho meses para dirigir una tienda. Durante este período de gestación, el candidato aprende sobre nuestro negocio y nuestra cultura. Cuando entregamos las llaves de la tienda, es porque el asistente de gerencia se ha ganado la confianza y el respeto de sus compañeros, su gerente, su jefe de región, etc., hasta llegar a mi oficina. En el plazo de dos años, el tiempo que se tarda en obtener un diplomado, una persona puede convertirse en el administrador principal de una tienda multimillonaria con un potencial ilimitado. Esto es motivo de celebración: Nuestro sistema ha producido otro gerente ganador, y el gerente ha conseguido un logro personal extraordinario.

Al desarrollar a los gerentes desde el interior, llegamos a poseer una sólida comprensión de las fortalezas y la capacidad de una persona para pasar al siguiente nivel de gestión empresarial. La capacidad de posicionar y reposicionar a personas con talento hacia el éxito genera confianza, permanencia y continuidad.

LOS GERENTES EXCEPCIONALES APROVECHAN LA INSPIRACIÓN

Los gerentes pueden inspirar, pero no pueden motivar a una persona. La motivación es algo que hay que descubrir dentro de uno mismo. Los Gerentes excepcionales saben que hay personas que quieren marcar la diferencia, pero a menudo carecen de la comprensión, los medios y la plataforma para contribuir a un bien mayor. El nuestro es un lugar de trabajo donde muchos descubren su inspiración y expresión dentro de nuestro modelo empresarial, a menudo gracias a un Gerente excepcional que les ayuda a descubrir, expresar y perseguir sus deseos y su vocación más sublime. La amabilidad y el servicio tienen cabida con nosotros, en cualquier momento y lugar. Si esto se combina con pasión y recompensas adecuadas, las personas se entusiasman con naturalidad.

RESPONSABILIDAD

Cada una de nuestras tiendas es un negocio multimillonario que requiere de un empresario (el gerente) que asuma la responsabilidad del negocio y sus resultados como si fuera suyo. Nuestros gerentes clavan su estaca en el suelo en una ubicación con la posibilidad de quedarse años, quizá décadas, igual que haría cualquier otro propietario de una pequeña empresa.

La responsabilidad suele ser el talón de Aquiles de muchos empresarios. Les encanta su independencia, así que evitan la difícil tarea de asumir responsabilidades. En muchos casos, esta laxitud personal se traslada de la misma manera a su sistema de dirigir a sus empleados. Hemos tomado nota de esta peculiaridad empresarial y la entendemos, por lo que nuestros gerentes pueden ser, en efecto, Gerentes excepcionales. Aquí es donde la fortaleza y los sistemas de una empresa de mayor dimensión refuerzan a los empresarios. Manejamos esta debilidad con revisiones trimestrales de expedientes, objetivos de productividad personal y de la tienda, y encuestas anuales de Gallup Consulting a empleados y clientes. Los gerentes, por tanto, responsabilizan a los miembros de su equipo de la productividad y el juego limpio dentro de nuestra cultura. Como habrá leído anteriormente, en nuestra empresa no es posible esconderse de la responsabilidad. Publicamos y comunicamos los resultados semanalmente.

ADMINISTRACIÓN

Hay una razón por la que la mayor parte de las pequeñas empresas fracasan: El empresario no aprende lo bastante rápido a administrar el negocio. Le resulta demasiado difícil ejecutar todas las disciplinas que exigen su tiempo. Piense tan solo en algunas de ellas: marketing, operaciones, fijación de precios, finanzas y banca, estrategia, planificación, contabilidad, impuestos, recursos humanos, control de inventario, servicio al cliente, desarrollo de la marca, instalaciones, etc. Sobrevivir a los errores y superar los puntos ciegos requiere tiempo y dinero, e incluso algo de suerte. La curva de experiencia (SMART Move 11) para el empresario principiante es como poner a un esquiador novato en una pista negra doble diamante: le causará golpes y magulladuras. Cada día, los problemas centrados en el tiempo, el talento y el dinero amenazan la existencia misma de la empresa. No es de extrañar que sean pocas las pequeñas empresas que prosperan. Las que sobreviven suelen quedarse en la mediocridad: tarde, mal y nunca.

La mayoría de las personas empiezan sin experiencia y sin preparación para administrar. Nuestra capacitación para gerentes coloca a los principiantes en la pista de los principiantes y selecciona, prepara y desarrolla de manera constante a nuestro equipo para competir en las pistas de los expertos. La capacitación progresiva lleva a las personas hasta sus límites, suscitando una mayor confianza y pericia hasta que son capaces de *llegar por sí mismos* a nuevos límites. Nuestros gerentes asumen una buena parte de la carga, pero reciben un gran apoyo de los responsables de sus regiones y del equipo de la sede central.

Nuestro sistema de Ruta estratégica capacita a los gerentes para el éxito, ayudándoles a evitar los obstáculos a los que se enfrenta el pequeño empresario independiente. En comparación, nuestros gerentes tienen diez veces más tiempo de aprendizaje y amplios recursos. No se les consiente, sino que reciben apoyo y seguridad. Se les exigen unos niveles muy altos de interacción personal, apariencia y rendimiento para que puedan triunfar. Nuestra curva de aprendizaje suaviza los baches y ayuda a nuestra gente a alcanzar pericia y rentabilidad. ¡A partir de ahora empieza lo realmente divertido!

GERENTES EXCEPCIONALES PRODUCEN RESULTADOS EXCEPCIONALES

Como ilustra el cuadro de Continuidad de gerentes de tienda (que volvemos a mostrar), cuando un gerente dirige la misma tienda durante cuatro años o más, esa tienda obtiene resultados 300 por ciento más altos que los de nuestros competidores. Eso significa que nuestro competidor

CUADRO DE CONTINUIDAD DE GERENTES DE TIENDA

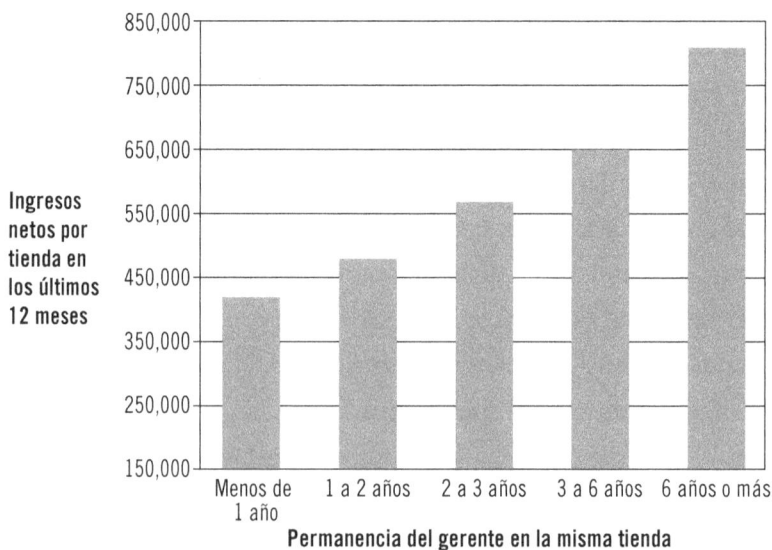

Ingresos netos por tienda en los últimos 12 meses

Permanencia del gerente en la misma tienda

necesita tres tiendas, incluidos los gerentes, el personal, el inventario, los bienes inmuebles, etc., para igualar la rentabilidad de una de nuestras tiendas dirigida por un Gerente excepcional.

Nuestros gerentes son Gerentes excepcionales. Gracias a nuestra Ruta estratégica, son los más idóneos, los mejor capacitados y los más preparados para dirigir en el sector, quizás incluso en el comercio minorista en general. No tenemos atajos ni prisa cuando se trata de desarrollar a nuestros gerentes; una capacitación abreviada inevitablemente nos costaría más que cualquier ganancia a corto plazo que pudiéramos esperar obtener.

Podría dedicar todo el día a definir, planificar, comunicar y fomentar la cultura y la Ruta estratégica de nuestra empresa, pero son los gerentes quienes realmente le dan vida en la tienda y aportan mejoras a la misma. Si queremos seguir teniendo éxito y convertirnos en la cadena más rentable del mundo, no basta con que el director ejecutivo marque el camino desde arriba. Cada tienda tiene que poner el motor a toda marcha diariamente. Para ello se necesita el talento adecuado en los puestos adecuados: personas altamente capacitadas, bien dirigidas y responsables.

¿Por qué somos una de las cadenas más rentables del mundo? No hay más que buscar en los Gerentes excepcionales que hemos formado y que viven de acuerdo con nuestra Ruta estratégica. Son el paso previo a los Grandes equipos, el punto de inspección de la inversión a lo largo de nuestra Ruta estratégica, donde empezamos a ver un alto rédito de la inversión. Nuestra Estrategia de salarios prósperos y nuestro enorme compromiso con la Identificación de fortalezas, el Encaje perfecto y la Capacitación adecuada no sirven de nada si el empleado se topa con un gerente holgazán. Puede que a un vendedor le encante nuestra empresa y gane mucho dinero, pero si su gerente es un mal líder, lo más probable es que ese vendedor salga a buscar otro trabajo. Las personas con talento tienen opciones. Su pérdida provoca una rotación de personal poco saludable. Hay que eliminar a los malos líderes. Solo los grandes líderes pasarán la prueba.

Lo que se hará por un Gerente excepcional es legendario. Condiciones de trabajo positivas, transparentes y seguras, expectativas y acuerdos claros, además de amistad y diversión, todo ello contribuye a que el trabajo sea atrayente, significativo y gratificante. Los colaboradores están deseando venir a trabajar con sus compañeros y con los clientes.

SMART MOVE 25

Establezca límites respecto al tramo de control.

El "tramo de control" se refiere al número de subordinados que tiene a su cargo un gerente. En general, nuestro tramo de control es más estrecho que el que se practica en el mercado. Esto permite un alto nivel de interacción entre los miembros y los líderes de equipo. El hecho de que el tramo de control sea menor de lo habitual nos permite ser proactivos en lugar de reactivos. Además, hay más tiempo para la capacitación, la inspección y la obtención de utilidades.

El efecto de la curva de aprendizaje y el valor de la relación se amplifican, y los beneficios financieros son mucho mayores a los que se obtendrían si el tramo de control fuera más amplio. Un gerente de unidades múltiples de primer nivel (líder regional), por ejemplo, no tiene más de cinco gerentes de tienda a su cargo. Esto significa que el jefe de región está en cada tienda al menos un día a la semana. Cada miembro del equipo tiene acceso directo a su gerente de tienda y al jefe de este, el jefe regional. Se hacen preguntas a los gerentes y serán planteadas por ellos. De este modo, en lugar de estar en modo de urgencia constante, se dedica tiempo y energía a la rentabilidad. Si uno está sobrecargado con demasiadas tiendas tiende a tener solamente tiempo para solucionar imprevistos.

SMART MOVE 26
Descubra el beneficio de los programas de capacitación a largo plazo.

El gerente de tienda debe entender en primer lugar lo que significa ser gerente. Todos nuestros gerentes se forman como vendedores. Tienen que aprender el negocio desde los cimientos.

Se crearon escuelas para vendedores y ahora los cursos de capacitación duran hasta dieciocho meses.

Thomas J. Watson, Jr., *A Business and Its Beliefs (Una empresa y sus credos)*

El dominio de las funciones de primera línea es esencial para ganarse y mantener el respeto del equipo de la tienda. No esperamos que nuestros candidatos a gerentes sean vendedores superestrellas, porque están programados de otra manera. Pero este período de capacitación (de dieciocho a veinticuatro meses) les ayuda a comprender el negocio, a ganarse la credibilidad de sus compañeros de equipo y a apreciar a las personas a las que dirigirán en el futuro. Los Gerentes excepcionales aprecian realmente la realidad operativa de primera línea a la que se enfrentan el vendedor y el cliente, porque se han puesto en la piel del vendedor como parte de su capacitación.

SMART MOVE 27
Elabore una línea de fidelización.

Una *línea de fidelización* representa un compromiso entre el personal y la empresa: Cuando los empleados cruzan esa línea, están ahí para desempeñar su trabajo y la empresa los protegerá del mundo exterior.

Cada una de nuestras tiendas tiene una *línea de fidelización* que se identifica con una franja amarilla pintada en el umbral de cada tienda. El concepto de línea de fidelización es muy real para todos los miembros del equipo, ya que representa un compromiso: Cuando crucen la línea de fidelización, la empresa los protegerá del mundo exterior; a cambio, sin embargo, deben estar totalmente centrados en el rendimiento.

Los Gerentes excepcionales hacen cumplir la línea de fidelización en ambas direcciones. Se aseguran de que funcione para nuestros empleados, pero también de que nuestros empleados cumplan los requisitos que conlleva. Creemos que los miembros de nuestro equipo deben estar libres de cualquier influencia externa cuando se presentan a trabajar, y se hace todo lo posible para que puedan mantener este entorno productivo. Están ahí para rendir; lo principal es el cliente. Llegó el momento de actuar: es hora de que los miembros de nuestro equipo presten un servicio excepcional al cliente y, al mismo tiempo, logren asegurarse un buen sueldo para ellos y sus familias.

Presentarse un poco antes de lo previsto es una práctica común entre nuestros colaboradores, ya que quieren estar listos cuando empiece su turno. *No es aceptable* presentarse a trabajar ingiriendo comida o sin haber terminado de vestirse para el día. Una vez que un miembro del equipo cruza la línea de fidelización, comienza nuestra cultura abierta de confianza y responsabilidad. Las distracciones externas no son bienvenidas.

La idea de la línea de fidelización es una práctica bien conocida y una parte muy apreciada de la cultura de nuestra empresa. A cambio de un entorno de trabajo positivo y solidario, los miembros comprometidos del equipo agradecen la oportunidad de venir a trabajar dispuestos a servir a nuestros clientes y a ganarse la vida a lo grande. Con el tiempo, este concepto ha demostrado ser una solución beneficiosa para todos.

SMART MOVE 28
Juegue al ajedrez en lugar de jugar a las damas.

Practique el individualismo. Sepa que cada miembro del equipo tiene éxito con sus propios movimientos específicos, como en el juego del ajedrez.

Con demasiada frecuencia, los gerentes asumen que todos los jugadores se mueven en la misma dirección. Pero un jugador de ajedrez con destreza sabe que son necesarias muchas jugadas para llevarse el premio. Del mismo modo, los miembros del equipo con éxito tienen una variedad de movimientos que ponen en juego cada día mientras prestan servicio a nuestros clientes. Es esta variedad la que les permite ganar una remuneración muy superior al promedio para un puesto similar en otras empresas, al tiempo que proporcionan un servicio al cliente excepcional según la medición de la Organización Gallup.

Nuestros gerentes aprovechan las distintas fortalezas de cada miembro del equipo y reconocen rápidamente que cada persona reacciona de manera distinta ante una misma situación. A diferencia de una partida de damas, en la que cualquiera puede adivinar la siguiente jugada, nuestros colaboradores prestan servicio a los clientes como si se tratara de una partida de ajedrez. Cada movimiento se adapta al cliente y a sus necesidades. Por eso nuestra empresa supera sistemáticamente a todos los demás operadores de unidades múltiples del sector: Jugamos al ajedrez en lugar de jugar a las damas. Esta es otra victoria para todos, incluidos los clientes.

Nuestra selección y capacitación son tan rigurosas que contratamos a las personas adecuadas cuando las encontramos, no solamente cuando hay una vacante. Si contratamos tan solo cuando hay una vacante, entonces ya es demasiado tarde. En lo que respecta a la contratación de personal, dejar puestos vacantes creará más agujeros. Crear un banco de talentos significa que, cuando se produce una vacante, podemos colocar a una persona bien capacitada en una tienda y no perder el ritmo.

SMART MOVE 29
Desarrolle un banco de talentos.

Disponer de un banco de talentos significa contar con personal de calidad en todas las posiciones. La mejor defensa contra cualquier tipo de rotación de personal es tener siempre preparado un sustituto capaz. Para otros, esto puede significar "tener más personal del necesario" o contar con demasiadas personas con talento compitiendo por el mismo puesto. Por el contrario, el banco de talentos suaviza el golpe de las pérdidas y aumenta las ganancias.

Las águilas no vuelan en bandadas; usted las encuentra de una en una.

Ross Perot

El término "banco de talentos" es un concepto que hemos tomado prestado de los deportes y aplicado a la contratación de empleados, la productividad del equipo y el crecimiento de la empresa. Sin embargo, a diferencia de un equipo deportivo, no estamos limitados por el tamaño de la plantilla, ya que el crecimiento profesional y las oportunidades abundan a medida que nos expandimos a escala regional, nacional e internacional. Estamos creando equipos, sin duda, pero en realidad estamos creando una *liga* de ganadores.

Hagamos un corte hacia la escena en el banco de suplentes de un partido de fútbol americano profesional, en la que un joven mariscal de campo y un veterano, con un tablilla en la mano, comentan las jugadas. Los mejores equipos inculcan el espíritu de formar a la próxima generación de jugadores de alto rendimiento. Por un lado, están capacitando a sus competidores; por otro, saben que la fortaleza del banco de talentos mejora los resultados generales del equipo en caso de que alguien se lesione. Los verdaderos profesionales acogen con satisfacción la sana competencia interna porque estimula el rendimiento a niveles personales aún más altos. Eso significa que las recompensas y los premios llegarán para todos.

Para muchos empresarios, contar con un banco de talentos parece contrario a la intuición. Se obsesionan con proteger el territorio en lugar de hacerlo crecer y ampliar el abanico de oportunidades. No se centran en mejorar cada día. La mentalidad de la abundancia puede aprenderse, pero se necesita tiempo en el "banco" para confiar en que el sistema y las personas tienen realmente en cuenta nuestros intereses. Una vez que queda claro que nuestro sistema funciona para el mayor beneficio de todas las partes, incluso las personas más recelosas pueden aceptar y abrazar nuestros métodos. Una visión del mañana vivida hoy con autenticidad permite que los más fuertes alcancen una fortaleza aún mayor en sus relaciones.

SMART MOVE 30
Calcule el costo de la rotación de personal.

La rotación de personal es el costo no declarado más elevado de cualquier empresa. Esto se debe a que se oculta en diferentes lugares. En cierto modo, nunca se puede calcular completamente el costo, porque el efecto dominó toca cada línea de la declaración de ingresos. Sin embargo, se puede estimar el costo de cada persona a la que se pierde multiplicando su salario anual por uno.

Aunque ya se ha señalado anteriormente, vale la pena repetir los comentarios de Frederick F. Reichheld sobre las tasas de retención.

> En la mayor parte de las industrias que hemos estudiado, las empresas con las tasas de retención más altas también obtienen las mejores utilidades. La retención relativa explica la rentabilidad mejor que la participación en el mercado, la escala, la posición de costos o cualquiera de las otras variables que suelen asociarse con la ventaja competitiva.
>
> **Frederick F. Reichheld,** *The Loyalty Effect (El efecto lealtad)*

En 2008, obtuvimos unos ingresos totales ligeramente superiores a los 130 millones de dólares y un EBITDA de 18 millones de dólares. Con una rotación de personal del 25 por ciento y una plantilla de 700 empleados, reemplazamos a 175 personas durante el año. Hay muchas maneras de calcular el costo individual de la rotación de personal, pero la fórmula generalmente aceptada es multiplicar por uno la remuneración anual de la persona que se retira. A un costo estimado de 40,000 dólares por persona, esto significa que perdimos ganancias potenciales de 7 millones de dólares. Esta cifra ni siquiera representa la pérdida total, ya que la rotación de personal afecta a cada línea de la declaración de ingresos.

El empresario o inversionista común no percibe la rotación de personal como algo tan costoso. Sin embargo, ignorar el costo no hace que desaparezca. Evaluamos todas las implicaciones de la rotación de personal porque nos mantiene centrados en lo más importante: la valoración de las personas.

Afortunadamente, somos una empresa rentable que puede absorber el insidioso costo de la rotación de personal. Sin embargo, gran parte de mi día lo dedico a resolver el desafío de la rotación de personal. Cuanto menor sea esta, otros muchos problemas se solucionarán por sí solos.

Es posible que se esté preguntando cómo se calculan los costos de rotación de personal y en qué aspectos afecta a la declaración de ingresos. Esta lista parcial es tan solo un punto de partida.

- Costos relacionados con el personal
  - Costos de contratación: reclutadores, ferias de empleo, publicidad, preselección, tiempo de interacción
  - Costos de capacitación: jornada laboral, materiales, instalaciones, tiempo fuera del trabajo.
  - Costos de planilla y beneficios: salarios, seguro médico, indemnización laboral, jubilación.
  - Mayores pagos al fondo estatal (como resultado de una mayor tasa de desempleo).
  - Tiempo de gestión empresarial y del personal en el control de daños

- Costos relacionados con las operaciones
  - Toma de decisiones
  - Ventas
  - Excesos y déficits de caja
  - Disminución y pérdida de inventario
  - Costos de bienes vendidos, reparaciones, limpieza, devoluciones
  - Cuidado, limpieza y mantenimiento de las instalaciones

- Costos relacionados con los suministros

- Costos relacionados con las oportunidades (que afectan tanto al año en curso como al valor actual neto)
  - Pérdida de ventas: personas sin experiencia y clientes perdidos
  - Reducción de ventas adicionales
  - Pérdida de la clientela (sobre todo por el boca a boca)
  - Costos de promoción
  - Reconstrucción del equipo en lugar de funcionamiento completo
  - Aumento de los costos de personal
  - Menos tiempo para los clientes por cuestiones administrativas

Esperamos que esta lista estimule su reflexión y le dé una idea de la magnitud y el alcance de los costos de rotación de personal. Nuestra Ruta estratégica proporciona un medio excelente para reducir sistemáticamente la rotación de personal y mejorar la fidelidad, despejando el camino para que nuestros gerentes se conviertan en Gerentes excepcionales.

RESUMEN DEL CAPÍTULO

PUNTOS CLAVE

- Los gerentes son el punto de apoyo de nuestra estrategia de personal. Representan la integración de rendimiento y cultura que afecta a la experiencia del cliente y al rendimiento del inversionista.

- La continuidad de los gerentes en la misma tienda es el mejor indicador de su rentabilidad y capacidad para superar a la competencia.

- Los gerentes son los guardianes de los resultados futuros. Son los alquimistas de primera línea que transforman nuestra mano de obra en miembros productivos del equipo.

- Según Gallup Consulting, los empleados no abandonan las grandes empresas, sino a los malos gerentes. Por lo tanto, contratamos a personas específicamente para nuestra línea de gerentes o nuestra línea de ventas. Hay muy poca fusión.

- El individualismo es como la sastrería. Dentro de lo razonable, los Gerentes excepcionales intentan hacer ajustes a las necesidades, fortalezas y condiciones de cada empleado según la situación única de la tienda. Esto permite a cada tienda alcanzar el máximo rendimiento.

SMART MOVE 25
Establezca límites respecto al tramo de control.

El "tramo de control" se refiere al número de subordinados que tiene a su cargo un gerente. En general, nuestro tramo de control es más estrecho que el que se practica en el mercado. Esto permite un alto nivel de interacción entre los miembros y los líderes de equipo. El hecho de que el tramo de control sea menor de lo habitual nos permite ser proactivos en lugar de reactivos. Además, hay más tiempo para la capacitación, la inspección y la obtención de rentabilidad.

SMART MOVE 26
Descubra el beneficio de los programas de capacitación a largo plazo.

El gerente de tienda debe entender en primer lugar lo que significa ser gerente. Todos nuestros gerentes se forman como vendedores. Tienen que aprender el negocio desde los cimientos.

SMART MOVE 27
Elabore una línea de fidelización.

Una línea de fidelización representa un compromiso entre el personal y la empresa: Cuando los empleados cruzan esa línea, están ahí para desempeñar su trabajo y la empresa los protegerá del mundo exterior.

SMART MOVE 28
Juegue al ajedrez en lugar de jugar a las damas.

Practique el individualismo. Sepa que cada miembro del equipo tiene éxito con sus propios movimientos específicos, como en el juego del ajedrez.

SMART MOVE 29
Desarrolle un banco de talentos.

Disponer de un banco de talentos significa contar con personal de calidad en todas las posiciones. La mejor defensa contra cualquier tipo de rotación de personal es tener siempre preparado un sustituto capaz. Para otros, esto puede significar "tener más personal del necesario" o contar con demasiadas personas con talento compitiendo por el mismo puesto. Por el contrario, el banco de talentos suaviza el golpe de las pérdidas y aumenta las ganancias.

SMART MOVE 30
Calcule el costo de la rotación de personal.

La rotación de personal es el costo no declarado más elevado de cualquier empresa. Esto se debe a que se oculta en diferentes lugares. En cierto modo, nunca se puede calcular completamente el costo, porque el efecto dominó toca cada línea de la declaración de ingresos. Sin embargo, se puede estimar el costo de cada persona a la que se pierde multiplicando su salario anual por uno.

CAPÍTULO 7

EQUIPOS EXCEPCIONALES:
¿CÓMO FORMA SUS EQUIPOS?

Cuando le preguntamos a la gente qué se siente al formar parte de un gran equipo, nos llama la atención el peso que se atribuye a esa experiencia, las personas se sienten parte de algo mayor que sí mismas, tienen la sensación de estar conectadas, de ser generativas. Para muchas personas, la experiencia de formar parte de grandes equipos sobresale como un período singular y plenamente vivido. Algunas pasan el resto de sus vidas buscando maneras de recobrar ese espíritu.

Peter Senge, *The Fifth Discipline* (*La quinta disciplina*)

El punto de partida de nuestra Ruta estratégica son los Grandes equipos, tanto en sentido literal como figurado. Todos los pasos anteriores, todo nuestro trabajo e inversión, apuntan al desarrollo no simplemente de equipos, sino de Grandes equipos. Esto significa que el equipo de una tienda está a la altura de su potencial financiero, social y cultural desde la perspectiva de cada grupo: empleados, clientes e inversionistas. Como punto final de la marca de verificación de nuestra Ruta estratégica, este hito indica que la inversión se ha completado y que el rendimiento de la inversión está a punto de comenzar.

GRANDES EQUIPOS

```
                                                              ┌─────────────────┐
                                                              │ Aumento del Precio│
                                                              │  de las Acciones │
                                                              └─────────────────┘

              ┌─────────────┐                          ┌─────────────┐
              │Identificación de│                      │  Aumento de las │
              │  Fortalezas   │                        │Utilidades Reales│
              └─────────────┘                          └─────────────┘

┌─────────────┐  ┌─────────────┐          ┌─────────────┐
│ Estrategia de │  │   Encaje    │          │ Crecimiento  │
│Salarios Prósperos│ │  Perfecto   │          │  Sostenible  │
└─────────────┘  └─────────────┘          └─────────────┘

                 ┌─────────────┐          ┌─────────────┐
                 │ Capacitación │          │   Clientes   │
                 │   Adecuada   │          │ Comprometidos │
                 └─────────────┘          └─────────────┘

                 ┌─────────────┐          ┌─────────────┐
                 │   Gerentes   │          │  Empleados   │
                 │ Excepcionales│          │ Comprometidos │
                 └─────────────┘          └─────────────┘

                        ┌─────────────┐
                        │   Grandes    │
                        │   Equipos    │
                        └─────────────┘
```

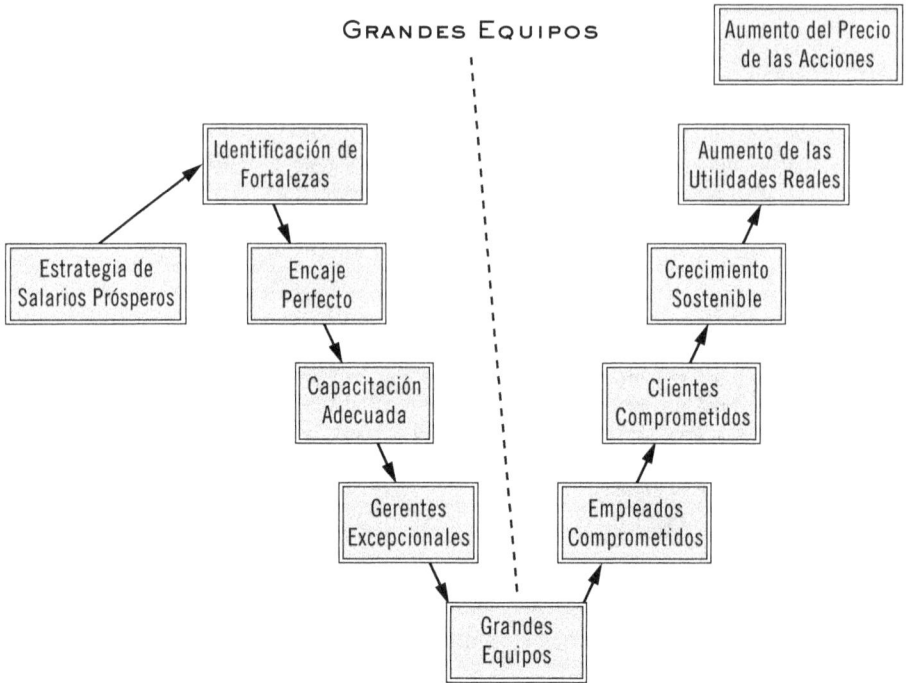

Muchas empresas hablan de equipos y de trabajo en equipo, pero no son más que palabras bonitas. Nuestra empresa se compromete a tener un Gran equipo en cada tienda. No basta con tener una tienda llena de personal; eso tan solo significa que hemos cubierto los puestos. El trabajo en equipo es muy importante en nuestras tiendas por la camaradería, el desafío y el ritmo de trabajo. No nos resultó difícil darnos cuenta de que necesitábamos un sistema que nos permitiera fusionar individuos con grupos de trabajo, transformar grupos de trabajo en equipos y convertir equipos en Grandes equipos.

Uno de los Grandes equipos de nuestra empresa está dirigido por la gerente de tienda Jihad Saadeh en West Palm, Florida. Esta tienda está llena de vida y energía. Esta gerente lleva diez años con nosotros y apenas tiene veintiocho años. Ha ido ascendiendo y ahora dirige un equipo muy disciplinado y productivo, con valores muy arraigados. Los que trabajan en esa tienda se quieren. Lo ha hecho todo bien; con nuestra ayuda, ha seleccionado a los miembros de su equipo con ciencia y los ha mantenido unidos con liderazgo y cultura. Todos los miembros del equipo son un Encaje perfecto. Los dieciocho miembros del equipo se reparten el trabajo para que cada uno trabaje desde su fortaleza. Por iniciativa propia, cada lunes por la mañana se reúnen en equipo para orar pidiendo ayuda para alcanzar sus objetivos de productividad, atender las necesidades de los demás e interceder por las necesidades de los clientes. Oran por la prosperidad de todos aquellos con los que entran en contacto. Se guían por una visión: ser los mejores y vivir la vida al máximo.

Para que nuestra empresa sea extraordinaria, deben abundar los Grandes equipos en todas nuestras tiendas y en el personal de la sede central. No obstante, es poco frecuente ver Grandes equipos en la vida de la mayoría de las personas. Una de las razones es la escasez de Gerentes excepcionales. Se tiene la impresión de que los Grandes equipos son fruto de la casualidad y la suerte, más que de una buena planificación y gestión empresarial. Es cierto que hay una pizca de fortuna, pero es una pizca de suerte, no una montaña, la que marca la diferencia.

No estamos dispuestos a conformarnos con la impresión de que los Grandes equipos son destellos fugaces y frágiles de brillantez que requieren una cierta alineación de los planetas y las estrellas. Pensemos en las "dinastías" del mundo del deporte, como los equipos universitarios de básquetbol de la UCLA de John Wooden o el de los New England Patriots de la NFL dirigido por Bill Belichick. Siempre hay un Gerente excepcional al timón con un sistema de desarrollo de equipo y las herramientas necesarias para la longevidad. Los jugadores de los Grandes equipos entran y salen de la alineación, pero su rendimiento sigue siendo de clase mundial.

Estamos construyendo intencionadamente una empresa de Grandes equipos: un equipo por tienda es el objetivo principal. Los Grandes equipos no se forman por accidente. Se requiere reflexión, diseño, intención y paciencia para desarrollar una cultura corporativa capaz de generar resultados constantemente al máximo nivel potencial en todas las tiendas de la cadena. Nos propusimos convertirnos en la organización más rentable de nuestra industria a nivel mundial, teniendo en cuenta la única medida que importa: el rendimiento de la inversión por tienda. Desde esa misión inicial, nos hemos esforzado al máximo para averiguar qué es lo que funciona.

Se trata de un esfuerzo intenso a lo largo de un rumbo marcado: nuestra Ruta estratégica. El proceso está sujeto a vulnerabilidades y variables capaces de socavar los objetivos de nuestros Grandes equipos. Así es la vida. Nos centramos en el progreso, no en la perfección. Que algo sea difícil no significa que no debamos perseguirlo con excelencia. Los desafíos, los problemas, los errores y las equivocaciones son lecciones que podemos usar: un aprendizaje disfrazado de fracaso pero que contiene semillas de grandeza.

Afortunadamente, con tantas "lecciones" a lo largo de los años, en realidad hemos fracasado en nuestro camino hacia el éxito. Esto se debe en gran parte a que hemos estado dispuestos a aprender. En contra de lo que podría pensarse, cuanto más hemos fracasado, más hemos aprendido. Hemos pagado nuestra "colegiatura", pero de todos modos volvemos a las aulas todos los días. Seguimos aprendiendo y beneficiándonos de nuestra formación. Con el tiempo, esta competencia ha hecho que nuestro negocio sea mucho más sencillo, rentable y divertido.

GRANDEZA EN AMBIDEXTRISMO

La "cultura corporativa" es una de esas frases de moda en los círculos empresariales y académicos. He aquí un par de definiciones de *dictionary.com* traducidas a continuación:

- La filosofía, los valores, el comportamiento, los códigos de vestimenta, etc. que, en conjunto, constituyen el estilo único y las políticas de una empresa.

- Los valores compartidos, las tradiciones, las costumbres, la filosofía y las políticas de una empresa; también, el ambiente profesional que surge de ello y afecta al comportamiento y al rendimiento.

No me opongo a estas definiciones. Sin embargo, la cultura corporativa tiene un problema inherente. La ciencia y el arte de la gestión están poco desarrollados y son mal comprendidos por muchos gerentes de línea. Muchos gerentes descartan la función de la cultura en la empresa en favor de los controles y sistemas de gestión que suelen basarse en la contabilidad gerencial y la ingeniería industrial. Es fácil ignorar la cultura corporativa, pero hacerlo es una auténtica locura. Es como si una persona diestra usara su mano dominante para todo lo que hace. Puede que funcione y sea lo mejor pero usar solo un brazo no tiene sentido cuando se tienen dos. La cultura corporativa ha sido durante demasiado tiempo la mano no dominante; muchas organizaciones simplemente han permitido que se atrofiara. Pero la excelencia, en este caso, no puede conseguirse con una sola mano. La excelencia requiere una alineación e integración significativas del modelo empresarial y la cultura corporativa. Nuestra Ruta estratégica lo consigue.

Los Grandes equipos son cuestión de disciplina. Esta disciplina está alineada con una estrategia establecida que está anclada en un propósito significativo, una visión clara, una misión definida y mensurable, y valores que rigen los comportamientos. Los Grandes equipos son, se sienten y funcionan de manera diferente a un equipo cualquiera, porque dos manos son mejor que una. Nuestra Ruta estratégica fomenta el ambidextrismo en lo que respecta a la gestión empresarial y el rendimiento de la empresa.

El capítulo 14 explora más a fondo nuestra cultura corporativa, en particular, el modo en que atraer a los mejores conduce a la coherencia y el éxito, para que llegue a percibir las dos "manos" de nuestra empresa. Somos fieles a nuestra concepción de los factores de éxito de nuestros Grandes equipos, aunque no somos rígidos ni justos al respecto; si algo hemos aprendido es que siempre hay una manera mejor de hacer las cosas. No podemos permitir que nuestro éxito genere satisfacción o arrogancia.

Por ejemplo, cada reseña de libro que realizamos (SMART Move 24) está orientada a la pregunta *¿Cómo nos ayuda a cultivar la grandeza?* Francamente, se trata de un esfuerzo de equipo. Los Gerentes excepcionales son conscientes de que cuanto más se alejan de la primera línea de la empresa, más riesgo corren de desconectarse de la realidad cotidiana de lo que ocurre con el cliente. Es el equipo el que sabe lo que funciona y lo que no. Por otra parte, los altos directivos pueden sentarse y ser más reflexivos; pueden ver tendencias en toda la empresa uniendo puntos que no necesariamente observa un gerente de tienda. Solo con ambas perspectivas pueden nuestros equipos alcanzar la grandeza.

¿HEMOS GANADO HOY EL PARTIDO?

Uno puede tener la impresión de que estamos creando una conformidad robótica cuando se trata absolutamente de todo lo que tiene que ver con nuestro negocio. Pero el hecho es que estamos tratando con cientos de personalidades empresariales. Cada persona tiene una gran necesidad de aventura y expresión, pero también necesita estructura y concentración. Nuestras normas culturales corporativas y nuestras políticas operativas proporcionan, en última instancia, un margen suficientemente cómodo entre la libertad de expresión y la responsabilidad ante las normas culturales y los estándares de productividad.

Por ejemplo, los gerentes tienen libertad para dirigir su tienda de la manera que mejor convenga al entorno local. Pueden hacer sus propias promociones. Al mismo tiempo, deben cumplir los requisitos de seguridad y protección. Deben seguir nuestro programa de limpieza "Verde y limpio". Ponen en práctica nuestros estándares de contratación. Las estrictas directrices corporativas en algunas áreas del negocio se combinan con las normas locales en otras para dar a nuestros gerentes y vendedores la suficiente independencia, combinada con los controles y equilibrios externos adecuados. Esto garantiza el éxito, pero anima a todo el equipo de la tienda a tomar la iniciativa y a pensar de modo innovador.

Dentro de nuestras normas culturales colectivas y nuestro compromiso con la misión de rentabilidad, existe una gran diversidad entre los gerentes. Sin embargo, para todos y cada uno de ellos, las utilidades son el marcador al final de cada jornada. Cada equipo de tienda puede responder a la pregunta: ¿hemos ganado hoy el partido? En nuestro caso, los marcadores (nuestros objetivos de productividad personal diarios y semanales) cuentan la historia del rendimiento individual y de la tienda. A partir de estos resultados, aprendemos de nuestras pérdidas y crecemos a partir de nuestras ganancias, de modo que mejoramos constantemente.

EL FLUJO DE LA CULTURA CORPORATIVA

La cultura corporativa suele ser un misterio fantasmal para los empresarios. Su existencia e influencia son innegables, pero su naturaleza elusiva e indeterminada desafía los controles. Cuando se compara con las "destrezas duras" más inmediatas y tangibles de la contabilidad, los controles y las operaciones, la cultura corporativa hace que incluso el marketing parezca una ciencia dura. Instintivamente, los gerentes recurren por defecto a las destrezas duras que parecen contribuir más fácilmente a la producción de utilidades. Además, para la mayoría de los gerentes, las destrezas duras son más fáciles de dominar porque son inanimadas y estáticas. Las personas son desordenadas, móviles e impredecibles.

¿Cómo podemos asegurarnos de que nuestros gerentes sean "ambidiestros", es decir, que estén capacitados para usar ambas "manos" adecuadamente, en lugar de depender demasiado de una u otra? ¿Cómo podemos saber si la cultura de nuestra empresa está contaminada por un "encaje" o una actitud equivocados? ¿Y cómo podemos estar seguros de que los gerentes compensan las prácticas locales con nuestros valores centralizados?

En primer lugar, está claro que tenemos una cultura muy marcada dentro de nuestra empresa. Cada tienda refleja la cultura de la empresa y el estilo de liderazgo individual de su gerente. La diferencia en la cultura de la tienda local es más una cuestión de estilo y personalidad que una variación sustancial de la cultura de la empresa. Como se ha dicho en el capítulo anterior, los empleados abandonan a los gerentes, no a las empresas. Cada gerente debe desarrollar un entorno y un estilo de trabajo que funcionen para el equipo y el local. Por lo tanto, la cultura más importante para los miembros del equipo es siempre la cultura de la tienda local. Nuestros gerentes son estudiantes preparados, deseosos de adaptarse y abrazar nuestra cultura tal y como existe en su establecimiento.

Pensemos en la cultura corporativa como un río caudaloso de filosofía, valores, comportamientos, vestimenta, etcétera. El río nace de los principales planteamientos estratégicos: propósito, visión, misión y valores. La desembocadura del río fluye hacia un mar de clientes a modo de transacciones diarias. La longitud del río puede compararse con todos los pasos de nuestra Ruta estratégica recorridos hasta ahora. Cada SMART Move es un afluente que se suma a la corriente.

Cuando el río fluye limpio, claro y con fuerza, los clientes están satisfechos. Los desechos del río o la contaminación afectan a la experiencia del cliente y ahogan el flujo de rentabilidad. Los intentos de eliminar y tratar la contaminación en la desembocadura del río son, en el mejor de los casos, paliativos, porque los contaminantes que aparecen contracorriente siguen fluyendo. La desembocadura suele ser el lugar más costoso y menos eficaz para solucionar los problemas. Sin embargo, allí es donde es más evidente el problema, por lo que tiende a captar la atención y la acción del gerente que maneja una sola mano. La capacitación en servicio al cliente, los eventos de formación de equipos y los cursos de gestión del tiempo son inversiones que se hacen a menudo para modificar comportamientos y dar alivio en la desembocadura, pero estos esfuerzos no consiguen remontar la corriente. El Campamento SMART y las reseñas de libros (SMART Moves 23 y 24), por otro lado, son actividades que se realizan río arriba, por lo que tienen resultados positivos río abajo.

Es sintomático de estos problemas el lamento de muchos empleados modernos: "Se espera que hagamos más con menos". Se espera de ellos que pongan freno a la corriente de problemas interminables que atracan en su escritorio; se les hace responsables del problema simplemente porque son las últimas personas río abajo. Dentro de su ámbito de autoridad, solo pueden hacer un cierto número de cosas, así que aprenden de sus colegas río arriba, tratan de hacer todo lo posible y trasladan los problemas a los clientes.

Quienes ejercemos el liderazgo tenemos que hacer nuestro trabajo de gestión contracorriente para resolver permanentemente los problemas de contaminación. En otras palabras, tenemos que mirar hacia atrás, a lo largo de los pasos anteriores de nuestra Ruta estratégica, a los arroyos y riachuelos, para descubrir qué está fluyendo hacia el río de nuestra cultura y afectando a nuestro rendimiento y nuestra mentalidad. Debemos asegurarnos de que el espíritu deseado, la misión, los valores y los estándares en los que se sustenta la empresa, se mantenga en todas las facetas de la organización.

¿Cuál es el valor del espíritu de una empresa? Es una pregunta difícil de responder para la mayoría de los dirigentes empresariales, pero hay que asignarle un valor positivo o negativo. Un espíritu empresarial sólido y productivo por sí solo no hace que sea rentable una empresa. Sin embargo, acentuará los aspectos positivos y permitirá a la empresa desarrollar su mayor potencial. Solo hay que fijarse en los "mejores de la clase" de cualquier sector: Southwest Airlines, Publix, Chick-fil-A, Wells Fargo, para comprender el valor del espíritu en una empresa.

Los ríos de agua se evalúan mediante un estudio físico. El flujo de una cultura, sin embargo, se asemeja a un activo intangible que no figura en el balance, pero que en última instancia se refleja en los ingresos y la rentabilidad. Al igual que la buena voluntad, la cultura corporativa no se puede tocar ni inspeccionar visualmente, pero se puede evaluar. Gallup Consulting y sus métodos de evaluación y observación de clase mundial.

En 2003, Gallup fue contratada por primera vez para evaluar la "pureza" en el flujo de la cultura de nuestra empresa. Según Gallup, la moral de nuestra empresa es más que positiva, productiva y solidaria en un lugar de trabajo altamente competitivo y enérgico. Antes de eso, mi instinto me decía que la empresa era próspera, pero no disponía de indicadores externos que confirmaran mis creencias. Las palabras de Henry Ford, Tom Watson y Peter Drucker me habían predispuesto a centrarme en la cultura corporativa, pero fue Gallup quien me proporcionó las mejores herramientas y la base estadística para evaluar el carácter intangible de la cultura.

Nuestras utilidades y productividad multiplican las de nuestros competidores. Los puntos de referencia de la competencia que normalmente se usan son en realidad irrelevantes. Nos limitamos a competir con nosotros mismos y, francamente, esto hace que me sienta orgulloso de los miembros de nuestro equipo. Y ahora, gracias a las evaluaciones de equipos, empleados y clientes realizadas por Gallup Consulting, disponemos de indicadores y métodos en lugar de corazonadas y esperanzas. Tenemos pruebas fehacientes de que el espíritu de equipo es un acelerador inestimable de nuestro rendimiento. En la actualidad, los resultados de nuestras evaluaciones y métricas culturales son tan importantes para la gestión de nuestro negocio como lo son nuestros estados financieros. Gracias en gran medida a nuestra Ruta estratégica, las aguas y orillas del río de nuestra cultura corporativa se encuentran bien trazadas y encauzadas.

Desde este ángulo, analicemos nuestra Ruta estratégica a la luz de la cultura corporativa. En la ilustración adjunta, los nodos específicos se denominan "Cultura precorporativa" y "Cultura corporativa" y se muestran con las flechas y los números respectivos para identificar la secuencia.

**RUTA ESTRATÉGICA Y
CULTURA CORPORATIVA**

```
                                          ┌──────────────────┐
                                          │ Aumento del Precio│
                                          │   de las Acciones │
                                          └──────────────────┘
                                                  ▲
         ┌──────────────┐                ┌──────────────────┐
         │ Identificación│               │   Aumento de las │
         │ de Fortalezas │               │   Utilidades Reales│
         └──────────────┘                └──────────────────┘
                                                  ▲
┌──────────────┐   ┌──────────┐         ┌──────────────────┐
│ Estrategia de│   │  Encaje  │         │   Crecimiento    │
│Salarios Prósperos│ Perfecto │         │   Sostenible     │
└──────────────┘   └──────────┘         └──────────────────┘
         2  3                                    ▲
       1         ┌──────────────┐      ┌──────────────────┐
              4  │ Capacitación │      │    Clientes      │
                 │   Adecuada   │      │  Comprometidos   │
   Cultura       └──────────────┘      └──────────────────┘
 Precorporativa
                    ┌──────────────┐   ┌──────────────────┐
                    │   Gerentes   │   │    Empleados     │
                    │ Excepcionales│   │  Comprometidos   │
                    └──────────────┘   └──────────────────┘
                      1      2
                         3      ┌──────────────┐
                                │   Grandes    │
                                │   Equipos    │
                                └──────────────┘
       Cultura
     Corporativa
```

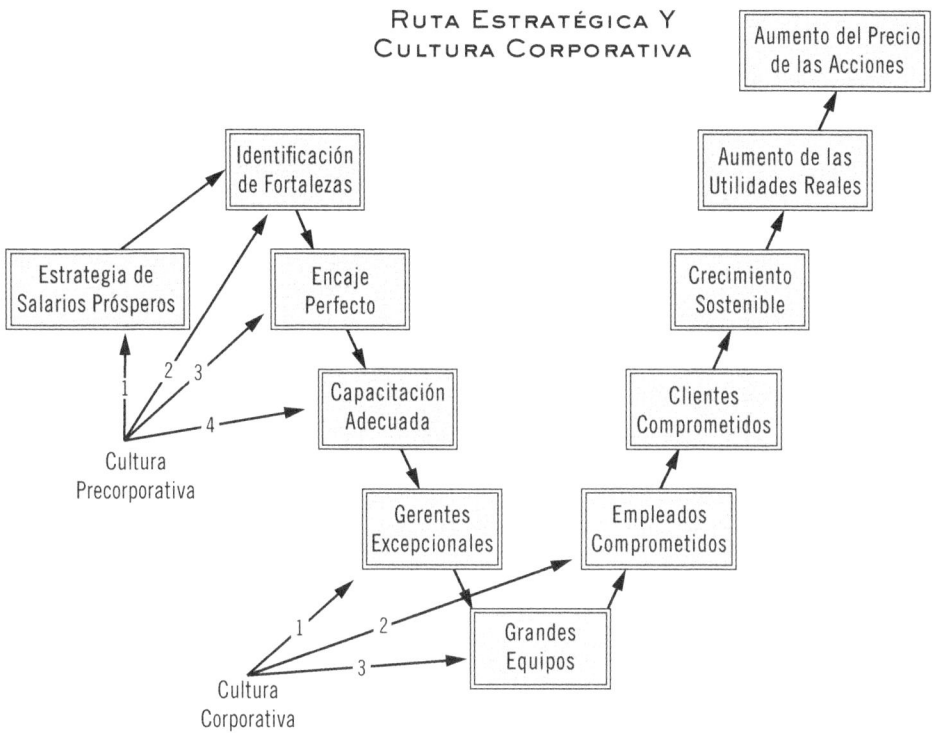

La Cultura precorporativa es el afluente ascendente que alimenta el rendimiento de la empresa. Como su nombre lo indica, precede a la existencia de la cultura corporativa. Esto no tiene ningún misterio; es una simple cuestión de causa y efecto. La fuente estratégica se alimenta de afluentes de SMART Moves y desemboca en el trayecto de la Estrategia de salarios prósperos, la Identificación de fortalezas, el Encaje perfecto y la Capacitación adecuada. El efecto deseado es una cultura de excelencia: Gerentes excepcionales, Grandes equipos y Empleados comprometidos. Por tanto, los resultados que se observan en el ámbito de la Cultura corporativa se forman principalmente en el ámbito de la Cultura precorporativa, y posteriormente se experimentan a través de los gerentes y el equipo que forman (o que no llegan a formar).

Cada paso de la Cultura precorporativa a lo largo de nuestra Ruta estratégica es esencial para construir la excelencia. Cualquier compromiso viaja río abajo y crea costos agregados, cargas para la empresa y escombros acumulados para los empleados. Sin embargo, cuando el rendimiento flaquea, la inclinación natural de los gerentes típicos es abordar la cuestión directamente en el punto del problema. Este aparente remedio tiene su mérito cuando se trata de asuntos específicos de un empleado. Pero en el caso de los problemas habituales (como la rotación de personal), no sirve de nada limpiar el río en el lugar del problema; el hecho es que se está contaminando más contracorriente. Las soluciones temporales pueden funcionar momentáneamente, pero están condenadas al fracaso. En estos casos, los empleados han fracasado involuntariamente; de hecho, están cargando con la culpa de la dirección, que ha descuidado el diseño y la gestión de la cultura corporativa que producirá Gerentes excepcionales y Grandes equipos. La lección aquí es que el trabajo correctivo sobre el problema tiene sus limitaciones cuando la verdadera fuente del problema se encuentra río arriba, en la Cultura precorporativa. En resumen, si el plan consiste en solucionar los problemas en la desembocadura del río, los gerentes llegan demasiado tarde; se limitan a intentar cómo remontar el vuelo.

Formar y transformar una cultura es sobre todo una labor que hay que llevar a cabo contracorriente mediante muchas SMART Moves, las cuales alimentan el flujo de nuestra Ruta estratégica. Sin embargo, si un equipo administrativo está en crisis constante en la desembocadura del río, la gestión empresarial contracorriente puede parecer una tarea inasequible y casi imposible. Comprensiblemente, cuando la ciudad en la desembocadura del río está inundada de basura y contaminación, empezar a poner remedio contracorriente es una tarea complicada. Sin embargo, los dirigentes tienen que hacer inversiones audaces o, de lo contrario, la crisis prevalecerá siempre. Nuestra Ruta estratégica traza una serie esencial de esclusas y presas para que la cultura de la empresa pueda fluir de manera limpia y productiva.

EL PLANO DE LA CULTURA CORPORATIVA

Cuando el Cuerpo de Ingenieros del Ejército de los EE. UU. trabaja en un proyecto fluvial, cuenta con planos. Todo el equipo de diseño y construcción, es decir, el contratista general, el jefe del proyecto, los supervisores y los trabajadores de la construcción, puede consultar los planos para obtener orientación y guía a la vez que mantienen la unidad. Del mismo modo, nuestra Ruta estratégica es el plano para construir una cultura empresarial de excelencia. Libera a todos los trabajadores para que realicen su trabajo de acuerdo con unos estándares establecidos, sin perder de vista las fortalezas individuales.

En nuestro plano, los hitos que pertenecen a la Cultura precorporativa son el trabajo contracorriente de la sección de Cultura corporativa. En comparación con el trabajo en la desembocadura del río, donde los Grandes equipos y los Empleados comprometidos se encuentran con nuestros clientes, estos elementos están ocultos a la vista de quienes no entienden nuestro sistema. Hay cierto desfase entre una mejora contracorriente y un resultado río abajo. Pueden pasar años antes de que se observe un cambio positivo, si es que lo hay. Son muchos los factores que entran en juego, por lo que medir con precisión las iniciativas es todo un reto. Los indicadores no son tan precisos ni, francamente, tan populares o publicitados como los indicadores financieros tradicionales. En la práctica, las recompensas inmediatas por invertir en mejoras fundamentales a largo plazo parecen perjudicar los resultados a corto plazo. Sin embargo, esta tensión es saludable y dinámica.

Cuando no se tiene en cuenta la mentalidad a corto plazo, el clima empresarial se convierte rápidamente en una serie de soluciones rápidas diseñadas para manipular el rendimiento financiero actual en lugar de crear un rendimiento sostenible. Hay multitud de maneras de que los gerentes manipulen los resultados a corto plazo y los objetivos de rendimiento para obtener bonificaciones salariales. Eso no es saludable para los empleados, los clientes y los inversionistas. Si no se controla, todos los aspectos de la empresa adquirirán un aspecto físico lamentable que refleja un problema más profundo en la planificación y el planteamiento.

Por el contrario, un gerente con expectativas de permanecer en la misma tienda tiene motivaciones para pensar a largo plazo y realizar las inversiones necesarias para solucionar los problemas anteriores. Aquí radica una razón importante para mantener a nuestros gerentes en el mismo lugar año tras año: la continuidad. Este cambio de mentalidad, sutil pero vital, está directamente relacionado con el compromiso del gerente con una tienda concreta. La continuidad acaba con el cortoplacismo, las retribuciones rápidas, los recortes y el traspaso de problemas al siguiente gerente. Según nuestro plan de cultura empresarial, nuestros gerentes pueden esperar una larga permanencia en su tienda. No pueden pasar los problemas a un flujo de gerentes que vienen detrás de ellos; no se supone que haya un siguiente gerente. Nuestros gerentes viven con sus decisiones y sufren las consecuencias o disfrutan de las recompensas. De este modo, siguen siendo conscientes de los fundamentos de la empresa y se esfuerzan por tener un gran equipo. El proyecto de nuestra Ruta estratégica, junto con el aprendizaje constante, ofrece un medio para construir una sólida cultura de tienda alineada con la cultura de la empresa. La confianza genera competencia, que a su vez genera más confianza, y así la espiral ascendente alcanza nuevas dimensiones.

Lo que hace que todo esto sea tan entretenido es que no sabemos hasta qué punto nuestros gerentes son capaces de hacer crecer una tienda. Pensemos en el hecho de que nuestros gerentes que llevan cinco años o más en la misma tienda obtienen utilidades que superan en un 300 por ciento, en promedio, las de las tiendas de nuestros mejores competidores. Y, colectivamente, siguen superando las expectativas. Realmente, tienen un potencial de ascenso ilimitado y se les recompensa por su rendimiento sostenido y creciente.

Dirigir la longitud de un río de actividades, en lugar de hacer modificaciones en la desembocadura, parece un reto de enormes proporciones. Sin un plan, es casi imposible crear y mantener resultados a gran escala en muchos equipos. En este sistema prosperan los gerentes con el proyecto adecuado, capacitados y recompensados por su buen comportamiento. Una vez que los gerentes reciben capacitación y comprenden nuestra Ruta estratégica, esta se convierte en su dispositivo de navegación esencial mientras forman la cultura de su tienda. La mayoría admitirá que no sabía cómo manejar la cultura de la empresa antes de conocer nuestra Ruta estratégica. No es que no supieran dirigir, es que no sabían cómo hacerlo, salvo por instinto.

Las personas inclinadas hacia la gestión empresarial pueden aplicar esta competencia básica a casi todo lo que se les pida que administren. Su talento y sus destrezas los capacitan para recopilar datos, realizar análisis y preparar el rendimiento de la inversión. Los auténticos gerentes aprecian a las personas y confían en ellas. Si uno no confía, no puede dirigir a otras personas. Formamos a los gerentes para que se centren en los controles y la cultura. La buena capacitación les ayuda a convertirse en Gerentes excepcionales que forman Grandes equipos porque saben trabajar con las dos manos.

Hay una razón por la que las reseñas de libros de nuestro Campamento SMART de primer año (SMART Move 24) se inician con el libro de Buckingham y Coffman Primero, *First, Break All the Rules* (*Primero, rompa todas las reglas*) y son seguidas en el segundo año por *Good to Great (De bueno a genial)* de Jim Collins; estos estudios clásicos de liderazgo proporcionan ideas esenciales para la creación de un plano que funcione. Nuestro plano de cultura corporativa, nuestra Ruta estratégica, es una amalgama de mejoras realizadas por muchas personas brillantes, con talento y muy trabajadoras, combinadas con lecciones de líderes de pensamiento y empresariales actuales y del pasado.

EL CÍRCULO DE LA EXCELENCIA

Muchos empresarios aspiran a alcanzar la excelencia en sus empresas. Independientemente de su definición de excelencia, a menudo el éxito es demasiado difícil de alcanzar y estas personas se conforman con ser regulares o bastante buenas. La pregunta del millón de dólares sobre la excelencia siempre ha sido el modo de conseguirla. Incluso Collins habla de la "caja negra" donde ocurre "algo especial" que resulta inexplicable.

La excelencia, independientemente de cómo la defina cada uno en su propio ramo, se encuentra en la base de nuestra Ruta estratégica; está marcada por el círculo denominado "Cultura corporativa". Para construir una gran empresa, hay que construir una gran cultura que genere crecimiento y aumente la productividad. Muéstreme una cultura corporativa descuidada, y le mostraré una empresa que está por debajo de sus ganancias anuales, utilidades y contribución a la sociedad como mínimo a la mitad. Mientras tanto, si hay un "secreto" para esta excelencia, se encuentra en el círculo denominado "Cultura precorporativa". Se sustenta y refuerza en la cultura y se diseña en el modelo empresarial.

Desde el principio nuestro objetivo fue ser una empresa realmente excelente. Para mejorar nuestra cultura empresarial, hemos buscado las mejores ideas del mundo de los dos últimos milenios y las hemos asimilado en gran medida según nuestras necesidades. Nos hemos beneficiado enormemente de las investigaciones y conclusiones de Gallup, basándonos en ellas y modificándolas, así como incorporando las contribuciones de los demás y aderezándolas con nuestras propias perspectivas. ¿El resultado? Somos una empresa de Grandes equipos.

SMART MOVE 31
Calcule el rendimiento de la contratación.

Las contrataciones incorrectas son pérdidas de inversión. Las contrataciones correctas producen un flujo continuo de ingresos, lo que se traduce en una tasa de rentabilidad positiva. Mientras que los costos de reclutamiento, selección, capacitación y planilla son generalmente muy predecibles, el rendimiento de la contratación no es tan fácil de predecir.

Los cinco primeros puntos de nuestra Ruta estratégica representan nuestra inversión en los miembros del equipo. Queremos conocer sus fortalezas, colocarlas correctamente y hacerlas crecer mediante la capacitación. Pero ni siquiera esto es suficiente; después de todos estos pasos, sigue haciendo falta un Gerente excepcional para convertir su talento en oro.

¿Por qué realizar esta inversión tan importante? Toda la longitud de nuestra Ruta estratégica muestra la respuesta. Dividamos la marca verticalmente por la mitad, con Grandes equipos en la línea central. Nos quedan dos mitades, una a la izquierda y otra a la derecha, como se muestra en la ilustración que viene a continuación.

El lado izquierdo representa la inversión que hacemos en las personas. El lado derecho muestra el rendimiento de esa inversión en términos de rentabilidad, fondo de comercio, reputación, marca,

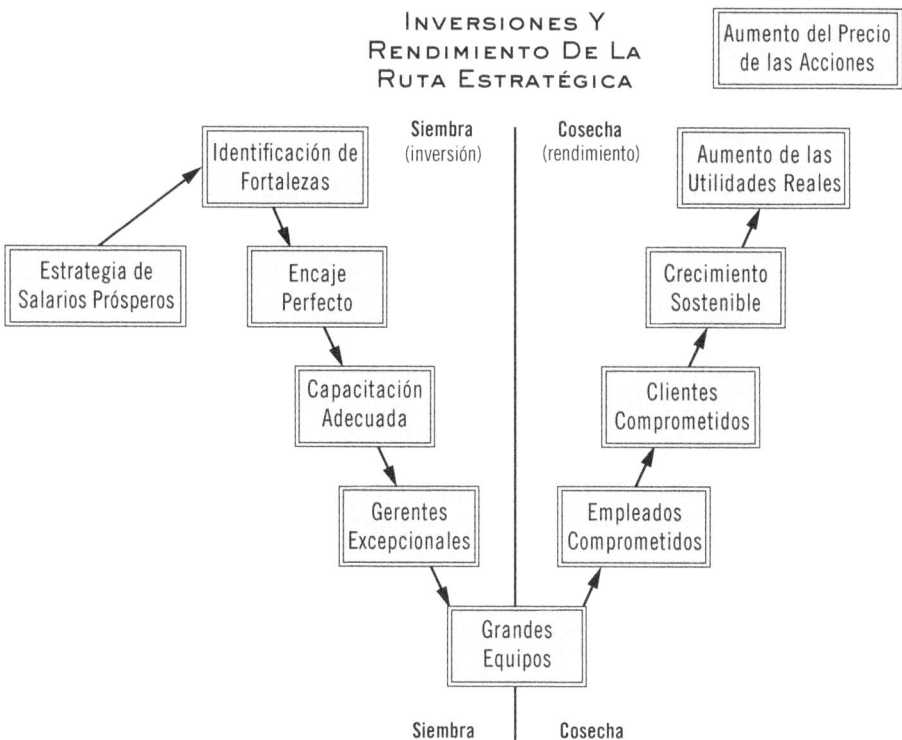

INVERSIONES Y RENDIMIENTO DE LA RUTA ESTRATÉGICA

Aumento del Precio de las Acciones

Siembra (inversión) | Cosecha (rendimiento)

- Identificación de Fortalezas
- Estrategia de Salarios Prósperos
- Encaje Perfecto
- Capacitación Adecuada
- Gerentes Excepcionales
- Grandes Equipos
- Empleados Comprometidos
- Clientes Comprometidos
- Crecimiento Sostenible
- Aumento de las Utilidades Reales

Siembra | Cosecha

fidelidad del cliente y (en última instancia) valor para los accionistas. El lado izquierdo es la causa; el derecho es el efecto. Por lo tanto, las inversiones acertadas en el lado de la causa de nuestra Ruta estratégica producen de modo más predecible los efectos que generan la verdadera riqueza.

Dejemos de lado por el momento el aspecto humano de la contratación y hablemos en términos puramente financieros. El rendimiento de una buena contratación es un "positivo infinito". En cambio, el rendimiento negativo de una mala contratación es al menos el equivalente a la remuneración anual de esa persona, más los costos ocultos que pueden aparecer en todos los rubros contables de la declaración de ingresos. El cuadro siguiente muestra el rendimiento promedio a lo largo de los cuatro primeros años del "ciclo de vida" de una excelente contratación:

RENDIMIENTO PROMEDIO DE UNA EXCELENTE CONTRATACIÓN

Plazo	Productividad
Año 1	$650,000
Año 2	$790,000
Año 3	$850,000
Año 4	$950,000

El rendimiento que genera una gran contratación crece claramente año tras año; el potencial de crecimiento es infinito. Compárelo con el costo para la empresa de una mala contratación, según la mejor estimación posible del efecto en cada línea de la declaración de ingresos:

remuneración anual × número de rotaciones

de personal en un año =

costo de una mala contratación

$55,000 × 180 = $9,900,000 por año

Al calcular el rendimiento obtenido por una empresa al contratar personal de esta manera, queda claro lo importante que es contratar solo a aquellas personas de las que se está razonablemente seguro de que contribuirán a formar un Gran equipo.

SMART MOVE 32
Viva la Regla de oro.

La Regla de oro es *Tratar a los demás como a uno le gustaría que lo trataran*. Hay aquí un mensaje más profundo: Debemos entender a los demás como individuos y respetar sus pensamientos, ideas y aportaciones. La Regla de oro establece la tensión entre el privilegio y el deber. Una mayor comprensión de esta gran ley de la vida nos inspira e invita a elevar el nivel de nuestro carácter, ofrecer amabilidad y comprensión hacia los demás y ver el mundo a través de sus ojos.

Ningún ejecutivo ha sufrido jamás porque sus subordinados fueran fuertes y eficaces.

Peter Drucker, *The Effective Executive* (*Eficacia ejecutiva*)

Albert Einstein dijo que la pregunta más importante que puede hacerse un ser humano es: ¿es este un universo amigable? Einstein nos desafió a trazar una línea en la arena, a mirar dentro de nuestros corazones y tomar una decisión sobre cómo debemos tratarnos los unos a los otros. Nuestra visión universal es amigable o antipática. Nuestro punto de vista influye en nuestras vidas, en un sentido o en otro.

Los Gerentes excepcionales del mundo entero tienen muy poco en común cuando se analizan sus trayectorias, experiencias y estilos de gestión empresarial. Sin embargo, lo que comparten es extraordinario: Tratan a todo el mundo por igual, pero de modo distinto, y siempre recuerdan que los pequeños gestos de amabilidad y cortesía son muy importantes en las interacciones humanas.

Ser amable y tratar a los demás con respeto y dignidad también reporta dividendos en términos de lealtad y compromiso. Una de las razones por las que los miembros de nuestro equipo están tan comprometidos, según la Organización Gallup, es la manera en cómo los tratan los gerentes.

El entrenador Lou Holtz, en su *libro Wins, Losses, and Lessons (Victorias, derrotas y lecciones)*, describe el tipo de cultura que promovemos. Al principio de su carrera, cuenta Holtz, aprendió que para que una persona gane, no necesariamente debe perder otra persona. Es propio de la naturaleza humana interesarse por quienes se interesan por uno. De hecho, ayudar a otras personas a conseguir lo que quieren a menudo nos lleva a conseguir lo que queremos. Puede que las personas no siempre recuerden lo que uno les dio o lo que hizo por ellas, pero sí recordarán cómo se les trató.

SMART MOVE 33
Sea cauteloso con los problemas de la carne asada.

La gente nueva aporta nuevas perspectivas y oportunidades para cuestionar lo que funciona y lo que no. Los gerentes que responden a las preguntas de una persona con frases demoledoras como "Así es como hacemos las cosas en esta empresa" detienen el aprendizaje y el crecimiento. En nuestra empresa, pocas cosas son sagradas, salvo el aprendizaje y la mejora constantes.

No queremos seguir la tradición. Queremos vivir el presente, y la única historia que vale la pena es la que hacemos hoy.

Henry Ford, *Today and Tomorrow* (*Hoy y mañana*)

En una cultura de aprendizaje y mejora, no hay lugar para lo que llamamos "problemas de la carne asada". Esta es la historia detrás de este divertido término que ha adoptado nuestra empresa:

La historia de la carne asada

Poco después de que una joven pareja se casara, el marido observó que su esposa siempre cortaba los extremos de los caros asados de solomillo antes de poner la carne en la asadera. Los pedazos se tiraban a la basura, ya que la joven no usaba estos pequeños pero costosos trozos.

Un día, el joven marido preguntó a su mujer por qué siempre cortaba los extremos de la carne asada. Ella respondió que su madre le había enseñado a hacerlo. Él sugirió que llamaran a su madre para averiguar la razón de esta práctica, que le parecía inusualmente cara y derrochadora.

La joven esposa llamó a su madre, que le contestó que no estaba segura; su madre le había enseñado a cocinar un asado. La joven esposa llamó entonces a su abuela para preguntarle por las costumbres familiares.

"Abuela", le preguntó, "¿por qué se cortan las puntas de un asado antes de colocarlo en una asadera?".

La abuela respondió: "Cuando tu madre era pequeña, mi bandeja para asados era demasiado pequeña para el tamaño del asado, así que cortaba los extremos y los reservaba para usarlos después. Así conseguía que el asado cupiera en la bandeja. ¿Por qué quieres saberlo?".

Los "problemas de la carne asada" son esas preguntas a las que el gerente típico puede responder con un "Así hacemos las cosas en esta empresa". Nosotros usamos este término para evitar estancarnos en maneras de proceder que ya no tienen sentido. En su lugar, si alguien cuestiona algo, reflexionemos sobre su punto de vista. Los miembros de nuestro equipo son inteligentes; tal vez esta persona esté presentando una visión válida o una oportunidad para la innovación o la educación. Es importante conocer el *porqué* de las cosas y no únicamente el *cómo*.

Todas las reuniones sobre gestión empresarial deben incluir la oportunidad de cuestionar nuestras prácticas, informes o cualquier cosa que pueda surgir durante el debate. Buscamos constantemente formas más sencillas y productivas de llevar a cabo nuestra actividad. Cada acción, pensamiento y práctica está abierta a revisión, debate y mejora, por parte de cualquiera.

Siempre estamos dispuestos a escuchar y considerar nuevos métodos de mejora y crecimiento. No hay soberbia de la autoría. Cualquier planteamiento teórico u operativo puede cambiarse en un santiamén. Suscribimos una noción de Henry Ford: que cuando las políticas del pasado se muestran inadecuadas para las necesidades del futuro, debemos estar dispuestos a hacer borrón y cuenta nueva y empezar de nuevo. La importancia que damos a este enfoque de aprendizaje abierto nos sirve de mucho.

RESUMEN DEL CAPÍTULO

PUNTOS CLAVE

- Las tiendas son en realidad equipos de personas. Cuanto más tiempo colaboren y aprendan a trabajar en equipo, mayor será su productividad y rentabilidad esperadas.

- Los grupos de trabajo y los equipos son diferentes. Los grupos de trabajo son un conjunto de personas que trabajan en estrecha proximidad. Los equipos son grupos de trabajo que funcionan como una unidad coordinada. La continuidad ayuda a crear un equipo dentro de nuestra cultura de empresa.

- El desarrollo de la cultura corporativa (la sección "Cultura corporativa" de la marca de verificación) viene precedido por nuestra "Cultura precorporativa", los cuatro primeros pasos de la Ruta estratégica.

SMART MOVE 31
Calcule el rendimiento de la contratación.

Las contrataciones incorrectas son pérdidas de inversión. Las contrataciones correctas producen un flujo continuo de ingresos, lo que se traduce en una tasa de rentabilidad positiva. Mientras que los costos de reclutamiento, selección, capacitación y planilla son generalmente muy predecibles, el rendimiento de la contratación no es tan fácil de predecir.

SMART MOVE 32
Viva la Regla de oro.

La Regla de oro es *Tratar a los demás como a uno le gustaría que lo trataran*. Hay aquí un mensaje más profundo: Debemos entender a los demás como individuos y respetar sus pensamientos, ideas y aportaciones. La Regla de oro establece la tensión entre el privilegio y el deber. Una mayor comprensión de esta gran ley de la vida nos inspira e invita a elevar el nivel de nuestro carácter, ofrecer amabilidad y comprensión hacia los demás y ver el mundo a través de sus ojos.

SMART MOVE 33
Sea cauteloso con los problemas de la carne asada.

La gente nueva aporta nuevas perspectivas y oportunidades para cuestionar lo que funciona y lo que no. Los gerentes que responden a las preguntas de una persona con frases demoledoras como "Así es como hacemos las cosas en esta empresa" detienen el aprendizaje y el crecimiento. En nuestra empresa, pocas cosas son sagradas, salvo el aprendizaje y la mejora constantes.

CAPÍTULO 8

EMPLEADOS COMPROMETIDOS: ¿CÓMO MANTIENE A SUS EMPLEADOS TAN SATISFECHOS Y PRODUCTIVOS?

Creo que la verdadera diferencia entre el éxito y el fracaso de una empresa radica muy a menudo en la capacidad de la organización para sacar a la luz las mejores energías y talentos de su gente.

Thomas J. Watson, Jr., *A Business and Its Beliefs*

(*Una empresa y sus credos*)

ESTÁBAMOS UN SOCIO DE NEGOCIOS Y YO ALMORZANDO EN UN RES-TAURANTE MEXICANO DE LA ZONA, POR SUGERENCIA SUYA. Él había frecuentado este lugar durante más de dos décadas. Cuando nuestra mesera se acercó a la mesa, dijo:

"¡Hola, cariño! Hacía tiempo que no lo veía."

"Tiene razón. Hace ya un año", dijo mi socio. "Tiene buena memoria para los clientes."

"Usted ha venido aquí desde que tengo uso de razón," dijo ella sonriendo.

"¿Cuánto tiempo lleva trabajando aquí?" preguntó él.

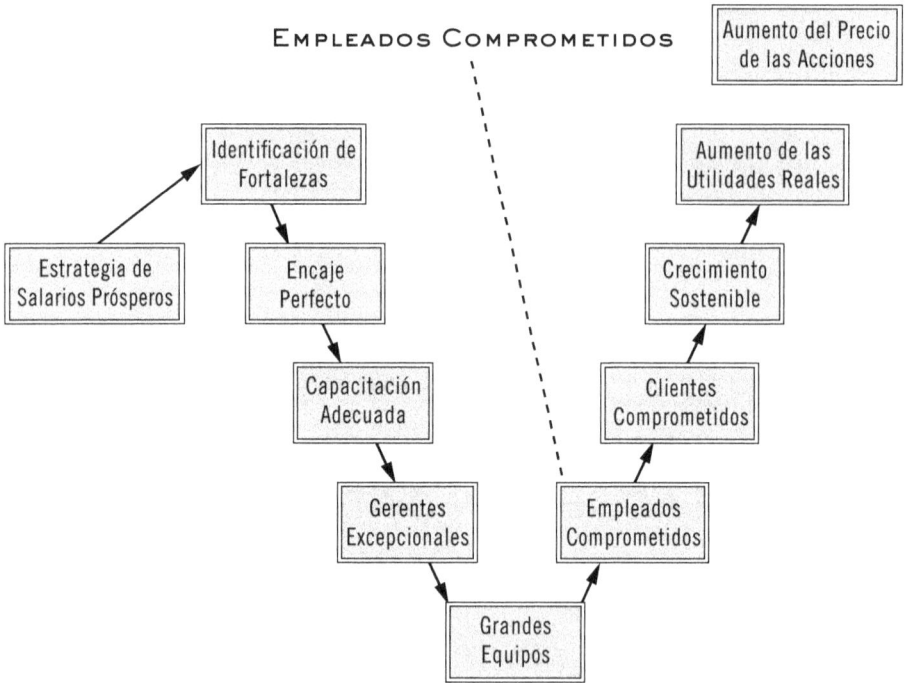

EMPLEADOS COMPROMETIDOS — Aumento del Precio de las Acciones

Identificación de Fortalezas · Estrategia de Salarios Prósperos · Encaje Perfecto · Aumento de las Utilidades Reales · Crecimiento Sostenible · Capacitación Adecuada · Clientes Comprometidos · Gerentes Excepcionales · Empleados Comprometidos · Grandes Equipos

"Dieciocho años." Su voz transmitía cierto orgullo y satisfacción factual. Más adelante dedujimos que tendría casi cuarenta años. Eso significaba que había empezado a trabajar allí durante la secundaria o poco después, y que probablemente había pasado casi la mitad de su vida en este restaurante local. Luego agregó, "Soy una de las nuevas." Mientras señalaba a los demás meseros y recitaba los nombres y los años de servicio de cada uno. ¡Eso sí que es celebrar la continuidad y la permanencia!

El sector de los restaurantes es famoso por la rotación de personal. En este caso, en cambio, cenamos en medio de una anomalía, sobre todo teniendo en cuenta que el precio de una comida suele ser inferior a los $18 por persona. Mi compañero de almuerzo reconoció respetuosamente el servicio prestado, pero indagó un poco más:

"¡Lleva dieciocho años aquí, caramba, qué maravilla! ¿Qué le hizo quedarse aquí tanto tiempo?"

Una enorme sonrisa cruzó su rostro.

"¿Ve a esta gente?" Señaló con la mano abierta a sus compañeros de trabajo y a sus clientes. "Los adoro. Son como mi familia. Me encanta venir a trabajar aquí."

Este diálogo de un minuto fue una auténtica lección sobre lo que significa formar parte de un Gran equipo. La propina que le dejamos reflejaba nuestro agradecimiento por su gran servicio y su consejo sobre la importancia de un Gran equipo y el poder de un Empleado comprometido. En algún lugar de ese restaurante hay un Gerente excepcional que ha creado una cultura ganadora de Gran equipo que compromete significativamente a los empleados, para un mayor beneficio de los clientes. Este es el poder de un Gerente excepcional que inspira a los empleados a realizar su trabajo a la perfección.

Como se ha expuesto en el capítulo anterior, un liderazgo débil en la cúspide de una cultura empresarial afecta negativamente a las personas en el trabajo. Cuando se enfrentan a gerentes como los del cómic *Dilbert*, hasta el empleado más concienzudo acabará levantando las manos en señal de frustración, renunciando a marcar la diferencia y dejándose llevar por la corriente. Sentirse impotente para cambiar las actitudes y el curso de los acontecimientos es un camino seguro hacia una elevada rotación de personal y una reducción de la rentabilidad.

Por otra parte, ganar es contagioso. Atrae y retiene a los empleados, fideliza a los clientes, invita a los inversionistas a comprometerse y crea vendedores y proveedores que quieren formar parte de algo especial. Los empleados aplicarán sus mejores servicios e ideas en beneficio de una empresa ganadora, porque se eleva su nivel de exigencia y se recompensa su iniciativa.

Es la cultura de una empresa la que crea el entorno adecuado para despertar esta actitud ganadora entre los empleados. Cuanto más claramente definida y comunicada esté la cultura corporativa, más comprometidos estarán los empleados y mayor será la cohesión y el rendimiento de la empresa. La definición clara de la cultura es poderosa, siempre que no vaya demasiado lejos y se convierta en legalista o en un fin en sí misma. Sin embargo, una cultura corporativa atraerá y repelerá a los candidatos a un puesto de trabajo. Este libro ofrece a los candidatos una visión en profundidad de nuestro lugar de trabajo. Algunos se entusiasmarán ante la posibilidad de trabajar en nuestra empresa; otros, que no comparten nuestra cultura, saldrán corriendo. Agradecemos ambos resultados.

Como director ejecutivo, mi título también podría ser director cultural; el director ejecutivo es la persona que establece la cultura corporativa y la dirección de la empresa. Sin embargo, al igual que en una iglesia, nuestro negocio son las personas, es decir los empleados, no los edificios, los sistemas ni los departamentos. La cultura de nuestra empresa nos mantiene unidos de un modo que no logran los modelos empresariales por sí solos. El marketing y la publicidad pueden hacer promesas. Sin embargo, son las personas de la empresa las que, en última instancia, cumplen esas promesas. La experiencia de nuestros clientes es una extensión directa de la salud de nuestra cultura de empresa y de tienda.

Como ya se habrá dado cuenta, nuestros altos gerentes y yo tenemos una perspectiva estratégica que contempla tanto las inversiones a largo plazo como las cuentas a corto plazo en materia de productividad operativa. Para nosotros se integran mutuamente; cada una depende de la otra. Ambos puntos de vista aportan valor, pero deben conciliarse a corto plazo mediante acciones correctas que se combinen en el futuro. Esta integración produce un crecimiento personal y empresarial sostenible, que se traduce en una rentabilidad extraordinaria. En términos de la mentalidad humana, también resulta acertado. Esto significa que trabajamos constantemente para mejorar tanto "río arriba" como "río abajo" en nuestro río de cultura corporativa. Esto también demuestra que contratar para lograr la excelencia en cada puesto aumenta el compromiso de los empleados y la rentabilidad en todo momento.

EVALUAR EL COMPROMISO CON LA ENCUESTA Q^{12}

Dado que se apoya en la teoría de que un alto nivel de compromiso de los empleados equivale a una mejora de las utilidades de la empresa, la Organización Gallup realiza una encuesta denominada Q^{12} para medir el compromiso de los empleados. En el sitio web de Gallup se explica de la siguiente manera:

> Las investigaciones publicadas por Gallup y otras organizaciones han demostrado que los empleados comprometidos son más productivos. La investigación también prueba que los empleados comprometidos son más rentables, están más orientados al cliente, son más prudentes y tienen más probabilidades de resistir las tentaciones de marcharse. Muchos han desconfiado durante bastante tiempo de la conexión entre el nivel de compromiso de un empleado y el nivel y la calidad de su rendimiento. Nuestra investigación ha puesto fin a la controversia.

Efectivamente, la investigación de Gallup ha dejado bien clara la cuestión. Teniendo en cuenta que el conjunto de la investigación en 2008 se basó en encuestas a 5.16 millones de empleados en 537,678 grupos de trabajo a lo largo de 455 organizaciones de 15 industrias principales en 124 países y 45 idiomas, la evidencia es definitiva. La organización ha publicado sus conclusiones y recomendaciones en el libro *12: The Elements of Great Managing (12: Los elementos de una gestión excepcional)*, de Rodd Wagner y James K. Harter, PhD.

A continuación reproducimos, con la autorización de Gallup, el preámbulo y los doce puntos de la encuesta Q^{12}:

¿Cuál es el grado de satisfacción de su lugar de empleo como centro de trabajo? Califíquelo del 1 (bajo) al 5 (alto).

1. Sé lo que se espera de mí en el trabajo.

2. Cuento con los materiales y el equipo que necesito para hacer bien mi trabajo.

3. En el trabajo, tengo la oportunidad de hacer todos los días lo que mejor sé hacer.

4. En los últimos siete días, he recibido reconocimiento o elogios por hacer un buen trabajo.

5. Mi supervisor, o alguien en el trabajo, parece preocuparse por mí como persona.

6. Hay alguien en el trabajo que fomenta mi desarrollo.

7. En el trabajo, se valora mi opinión.

8. La misión o el propósito de mi organización me hacen sentir que mi trabajo es importante.

9. Mis colegas o compañeros de trabajo están comprometidos a hacer un trabajo de calidad.

10. Tengo un(a) mejor amigo/a en el trabajo.

11. En los últimos seis meses, alguien del trabajo ha hablado conmigo sobre mis progresos.

12. Este último año, he tenido oportunidades en el trabajo para aprender y crecer.

Al leerlos, ¿le llama la atención la naturaleza de cada punto? En primer lugar, cada uno está planteado desde el punto de vista de un empleado, en lenguaje cotidiano y no en lenguaje de "gestión empresarial". En segundo lugar, la encuesta Q^{12} proporciona una visión asombrosa de las necesidades e intereses de los empleados. Tercero, obtener una calificación alta en cada punto es una victoria ganada con esfuerzo, conseguida con el tiempo y con el desarrollo de las relaciones; esta encuesta no es una cuestión de soluciones rápidas o de un puñado de mejores prácticas. En cuarto lugar, cada punto es un fin, no un medio. En otras palabras, alguien tuvo que actuar de manera proactiva para satisfacer el enunciado. Quinto, ningún punto implica una compensación económica. Por último, cada punto se centra en lo que tiene de civilizado y humano el trabajo del participante, porque la encuesta evalúa la manera en que debemos tratarnos los unos a los otros.

Aunque los puntos de la encuesta Q^{12} parecen sencillos, en realidad hay un tremendo poder detrás de cada uno de ellos. Evocan una respuesta visceral que refleja gran parte de lo que funciona (o no) en la cultura de una empresa. Los doce puntos están todos relacionados con al menos uno de los cuatro resultados empresariales esperados: productividad, rentabilidad, retención y satisfacción del cliente. Según la Organización Gallup, la encuesta Q^{12} ha superado rigurosas pruebas a lo largo del tiempo y es aplicable a cualquier unidad empresarial.

En pocas palabras, la encuesta Q^{12} refleja el nivel de contaminación de la cultura corporativa en la desembocadura del río. Mediante el estudio de la desembocadura del río se puede aprender mucho sobre una empresa. Estas respuestas no se pueden fingir ni se les puede dar la vuelta fácilmente aplicando una buena práctica o haciendo un pronunciamiento. Hay una cualidad perdurable en cada enunciado que es indicativa de una relación y de un aprendizaje a lo largo del tiempo a lo largo de los arroyos y riachuelos que recogen y contribuyen a la formación de la cultura. Tampoco es una evaluación de las mejores prácticas en teoría. Cualquier empresa que utilice esta encuesta debe crear y mantener activamente comportamientos correctos para producir resultados correctos. Gallup evalúa y recomienda, pero hay que ejecutar a lo largo del camino, desde la fuente hasta la desembocadura, para obtener los resultados deseados.

EQUIPOS DE TRABAJO Y RENTABILIDAD

Los gerentes, los equipos y los empleados están inextricablemente entrelazados. Gallup, sin embargo, desenreda el ovillo y prescribe un enfoque inicial en el desarrollo de Grandes gerentes, que luego construirán Grandes equipos que a su vez podrán cultivar Empleados comprometidos. Esta secuencia señala la importancia de construir una cultura de equipo superior a la del ejecutor individual. Se trata de un sistema de jugadores estrella, no simplemente de una colección de jugadores estrella.

¿Tenemos Grandes equipos? Los resultados de nuestra encuesta despejan esa incógnita. Gallup nos sitúa, una vez más, en su categoría de "mejores prácticas". La mayoría de nuestros equipos en el lugar de trabajo pertenecen al grupo de "clase mundial", es decir, al cuartil superior de la base de datos de Gallup, compuesta por más de medio millón de equipos en el lugar de trabajo.

Los Grandes equipos son el resultado de Gerentes excepcionales. La continuidad y el aumento de la productividad, más que cualquier otra medida, son los mejores indicadores del éxito. Supongamos que dos gerentes de tienda experimentados producen cada uno más de medio millón de dólares de utilidades al año. Intercambiemos a los gerentes. Podríamos anticipar que ambas tiendas caerían a los niveles de utilidades del primer año, o aproximadamente a la mitad de su productividad del año anterior. ¿Por qué motivo? Porque aunque cada gerente tiene los mismos conocimientos, no tienen las relaciones de equipo en su nueva tienda. Cada uno está en modo de reestructuración. Con el tiempo, es muy probable que estos gerentes consigan que ambas tiendas vuelvan a ser líderes. Pero, ¿por qué empezar de nuevo? Cambiar a gerentes con talento es algo poco frecuente en nuestra empresa. Ahora ya sabe por qué: Es muy costoso perder ímpetu y rendimiento.

Como ya se ha señalado, uno encuentra el mismo fenómeno en los deportes universitarios y profesionales. Los grandes entrenadores tienden a crear un impulso y un sistema que funciona para producir resultados constantes. La alta rotación de entrenadores principales, por otro lado, tiende a producir equipos que no ganan campeonatos. De vez en cuando hay excepciones, pero a menudo se trata de un caso en el que el ímpetu del equipo lo saca adelante durante un breve período. Una puerta giratoria de gerentes casi siempre significa una caída del rendimiento.

Es más, un Gerente excepcional puede perder miembros de su equipo pero no sufrir grandes pérdidas de productividad. Con nuestra Ruta estratégica en la mano, estos gerentes tienen una manera de integrar a nuevas personas en las operaciones de su tienda y conseguir que sean productivas. Un Gerente excepcional ha formado un banco de talentos (SMART Move 29), que amortigua el impacto de la rotación de personal. La prueba está en nuestro cuadro de Continuidad de los gerentes de tienda, destacado anteriormente en el libro (véase la página 29). Los gerentes que trabajan dos o más años en la misma tienda registran una rentabilidad elevada año tras año, a pesar de la rotación de personal prevista. Ciertamente, un nuevo miembro aporta una nueva dinámica al equipo. Las cifras de la tienda pueden bajar uno o dos meses durante la asimilación, pero la rentabilidad tiende a recuperarse rápidamente.

ATRAER A PERSONAS CON TALENTO

El crecimiento de la productividad es el motor principal de una ventaja de costos sostenible y la única fuente de crecimiento sostenible de las remuneraciones de los empleados. La contratación de personas con talento para cada puesto de trabajo en todos los niveles incorpora el potencial de crecimiento de la productividad en toda la empresa. Hay muchos tipos de talento. Los talentos adecuados, más que la experiencia, la capacidad intelectual o la fuerza de voluntad, son los requisitos previos para que los Empleados comprometidos rindan con excelencia en cada puesto. *Hemos descubierto que el talento no se aprende.* El talento es un rasgo inherente sobre el que se puede fomentar el crecimiento mediante la capacitación adecuada. Las fortalezas y el talento, trabajando al unísono con el Encaje perfecto, son un alto predictor del compromiso y la productividad de los empleados.

Además de los datos numéricos, la encuesta anual de Gallup de los miembros de nuestro equipo registró las siguientes afirmaciones:

"El reconocimiento hace que esta empresa sea diferente".

"Me echaría delante de un autobús por el líder de mi región".

"Otras empresas no tienen nuestra cultura".

"Esta empresa cambió mi vida".

"Mi trabajo es ayudarnos a crecer".

El compromiso de los empleados está vivo y goza de buena salud, y no deja de mejorar. Desde que empezamos a trabajar con Gallup en 2003, hemos visto un aumento constante de nuestro ya elevado porcentaje de compromiso de los empleados, junto con una disminución de los empleados desconectados a medida que hemos erradicado la sociedad de los miserables (SMART Move 17).

SMART MOVE 34
Realice una encuesta informal Q^{12} a sus empleados.

Revise las preguntas de la encuesta Q^{12} con los miembros de su equipo para profundizar en las necesidades e intereses de los empleados. Medir el compromiso de los empleados puede revelar vínculos hacia una mayor rentabilidad.

La encuesta Q^{12} proporciona una perspectiva asombrosa de las necesidades e intereses de los empleados. Cada pregunta es un fin, no un medio; más que identificar las mejores prácticas o dar una opinión abstracta, evalúa activamente el valor de la cultura de su empresa. La encuesta le indica si los miembros de su equipo están satisfechos con el modo en que sienten que se les ha tratado.

Cada punto de la encuesta Q^{12} evoca una respuesta esclarecedora que puede revelar lo que funciona dentro de la empresa. Los doce puntos de la encuesta Q^{12} están relacionados con al menos uno de los cuatro resultados empresariales esperados: productividad, rentabilidad, retención y satisfacción del cliente. Cuando se pide a los empleados que evalúen su grado de satisfacción con respecto a cada uno de estos puntos, se puede identificar con precisión el grado de compromiso, lo que permitirá sacar ventaja a la hora de mejorar la rentabilidad.

SMART MOVE 35

En cuanto sepa lo que está fallando, ¡arréglelo!

La educación no consiste simplemente en aprender, sino en actuar. La encuesta Q^{12} le indica lo que es importante y requiere una mejora. Cuando las puntuaciones sean bajas, ¡corrija el problema!

Durante sus numerosos años dedicados a la realización de encuestas, Gallup ha aprendido cuáles son las preguntas correctas que se deben formular. Revisando las respuestas de los empleados a las preguntas Q^{12}, averiguará si está proporcionando a los miembros de su equipo los cuatro atributos siguientes: necesidades básicas, apoyo del liderazgo, trabajo en equipo y crecimiento. La ilustración de la siguiente página resume estas cuatro áreas indicando las preguntas internas que pueden hacerse los empleados sobre su trabajo.

Si las respuestas a las preguntas 1 y 2 obtienen una puntuación baja, deberá centrarse en satisfacer las necesidades de los miembros de su equipo. Las preguntas 3 a 6 se refieren al tipo de liderazgo que están recibiendo. Las respuestas a las preguntas 7 a 10 le dirán si está proporcionando un ambiente de trabajo en equipo y si todos sienten que forman parte de este. Las preguntas 11 y 12 le darán respuestas acerca de si los miembros de su equipo sienten que se les ha dado la oportunidad de aprender y crecer.

PIRÁMIDE DE PREGUNTAS

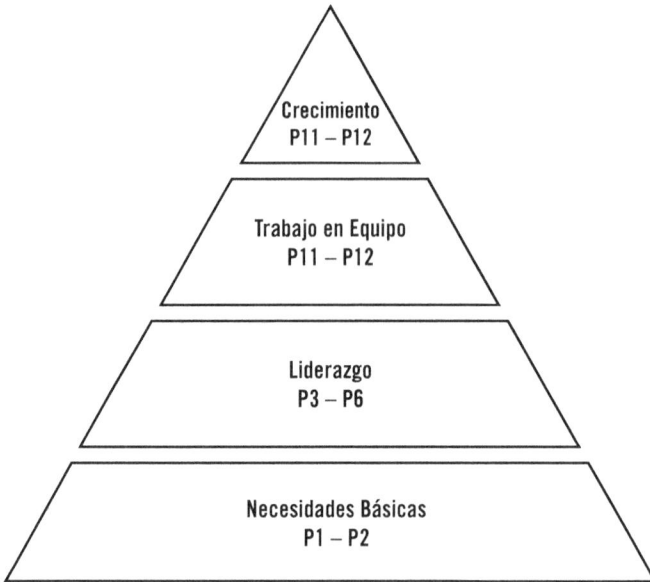

Crecimiento
P11 – P12

Trabajo en Equipo
P11 – P12

Liderazgo
P3 – P6

Necesidades Básicas
P1 – P2

SMART MOVE 36
Desarrolle un camino hacia una conducta de liderazgo.

Las preguntas Q^{12} tratan sobre la excelencia en el liderazgo. Hay que hacer las preguntas adecuadas para averiguar lo que piensan realmente las personas. Utilice las respuestas que obtenga en su encuesta Q^{12} como herramienta para guiar a los gerentes en la consecución de una conducta de liderazgo.

Una vez que la Organización Gallup ha completado las encuestas, los resultados se comunican a cada nivel de gerencia. Cada miembro del equipo gerencial recibe los datos Q^{12} que representan el resultado global de la encuesta. Las calificaciones reflejan las acciones que deben llevarse a cabo para mejorar los resultados. Cada miembro del equipo debe crear un plan de acción e informar a su supervisor inmediato a medida que se lleva a cabo. Estos planes se supervisan y se espera una mejora de las puntuaciones en la siguiente encuesta.

RESUMEN DEL CAPÍTULO

PUNTOS CLAVE

- La cultura corporativa atraerá y repelerá a los empleados potenciales. Como nuestra cultura está bien definida, los candidatos o bien encajan fácilmente o claramente no encajan. Como resultado, los que permanecen con nosotros tienden a estar muy comprometidos.

- La encuesta Q12 de Gallup es la herramienta de evaluación de terceros que usamos para medir el compromiso de los empleados. Esto asegura una evaluación independiente y objetiva de nuestra cultura y de la rentabilidad futura.

- Nuestra relación de empleados activamente desconectados con respecto a los comprometidos nos sitúa en la categoría de "Clase mundial" de Gallup, es decir, en la décima parte superior del percentil.

SMART MOVE 34

Realice una encuesta informal Q12 a sus empleados.

Revise las preguntas de la encuesta Q^{12} con los miembros de su equipo para profundizar en las necesidades e intereses de los empleados. Medir el compromiso de los empleados puede revelar vínculos hacia una mayor rentabilidad.

SMART MOVE 35

En cuanto sepa lo que está fallando, ¡arréglelo!

La educación no consiste simplemente en aprender, sino en actuar. La encuesta Q^{12} le indica lo que es importante y requiere una mejora. Cuando las puntuaciones sean bajas, ¡arregle el problema!

SMART MOVE 36

Desarrolle un camino hacia una conducta de liderazgo.

Las preguntas Q^{12} tratan sobre la excelencia en el liderazgo. Hay que hacer las preguntas adecuadas para averiguar lo que piensan realmente las personas. Utilice las respuestas que obtenga en su encuesta Q^{12} como herramienta para guiar a los gerentes en la consecución de una conducta de liderazgo.

CAPÍTULO 9

CLIENTES COMPROMETIDOS: ¿CÓMO CONSEGUIR CLIENTES TAN LEALES Y RENTABLES?

El objetivo del marketing es conocer y comprender a los clientes tan bien que el producto o servicio se adecúe a ellos y se venda por sí solo.

Peter Drucker, *The Essential Drucker* (*Drucker esencial*)

LA INDUSTRIA DEL EMPEÑO SUELE DIRIGIRSE A DOS GRUPOS DE CLIENTES: LAS PERSONAS QUE DESEAN PEDIR DINERO PRESTADO A CAMBIO DE UNA GARANTÍA Y LOS COMPRADORES DE GANGAS DE TODOS LOS NIVELES SOCIOECONÓMICOS. Como en cualquier negocio, los Clientes perfectos (como los empleados de Encaje perfecto) son predecibles, leales y rentables. Captar sistemáticamente a los Clientes perfectos es la clave de la rentabilidad continua de la empresa y de los muchos beneficios de la lealtad mutua.

A falta de una estrategia y un método como nuestra Ruta estratégica para cultivar y producir seguidores entusiastas, los clientes comprometidos son más bien fruto de la casualidad.

Para que las grandes experiencias de los clientes sean algo cotidiano, deben originarse "río arriba", dentro de la cultura y el modelo empresarial de la empresa. Nuestra historia y experiencia han desgastado una

CLIENTES COMPROMETIDOS

Aumento del Precio de las Acciones

Identificación de Fortalezas

Estrategia de Salarios Prósperos

Encaje Perfecto

Aumento de las Utilidades Reales

Crecimiento Sostenible

Capacitación Adecuada

Clientes Comprometidos

Gerentes Excepcionales

Empleados Comprometidos

Grandes Equipos

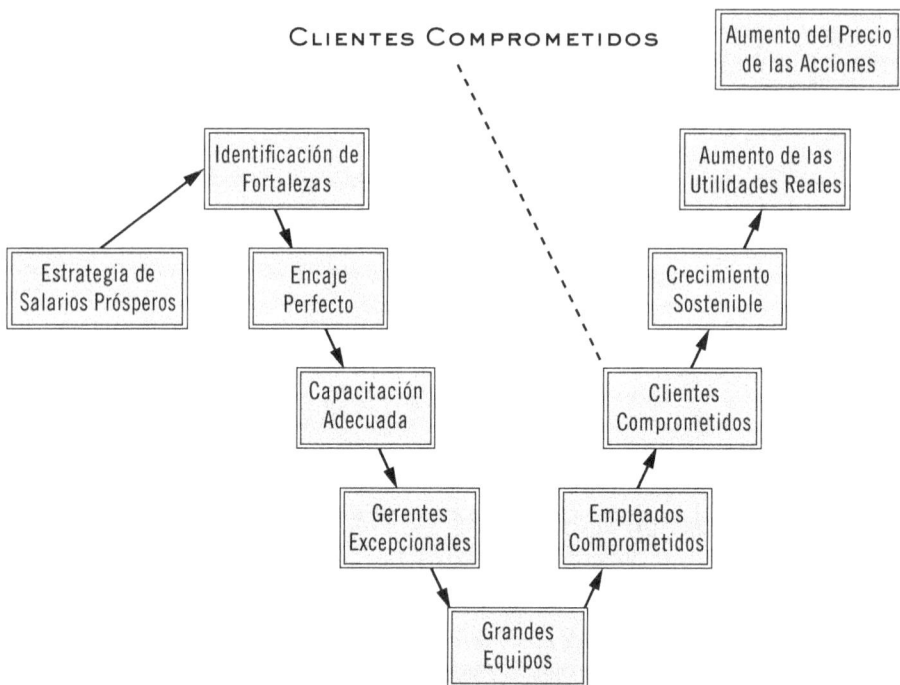

ruta, nuestra Ruta estratégica, para que podamos ofrecer resultados de clase mundial de un modo más predecible y constante.

EL FENÓMENO DE LOS ASIDUOS

En el negocio de los restaurantes y bares, hay un grupo de clientes conocidos como "los asiduos". Son las personas que, por ejemplo, se presentan todos los viernes por la noche por lo regular a la misma hora y, para variar, piden más o menos la misma comida y las mismas bebidas. El gerente, los meseros y los clientes asiduos se suelen llamar por su nombre y, desde luego, se conocen de vista. La mesera se acerca a la mesa y pregunta: "¿Lo de siempre?".

A lo largo de la conversación, descubren cómo los está tratando la vida a cada uno. Para el observador casual, se trata de una conversación trivial, ¿verdad? Para nada. La acumulación de "conversaciones triviales" a lo largo del tiempo es algo muy importante en la experiencia humana. Es la base de la amistad y de la construcción de una comunidad que conduce a la lealtad y a la confianza.

Los clientes habituales llevan a sus amigos a su lugar favorito. Lo recomiendan y refieren mejorando así el negocio. Todos siguen haciendo negocios, pero están en la vida de los demás apoyándose mutuamente; algunos incluso dirían que son amigos de verdad.

El fenómeno de "los asiduos" puede darse en cualquier negocio, pero es especialmente frecuente en las empresas de servicio minorista como la nuestra. Allí donde existe un contacto continuo con los clientes, existe la posibilidad de obtener los beneficios que ofrecen los asiduos. La razón es muy sencilla: Tanto el cliente como el negocio se han elegido mutuamente como favoritos.

Nuestra Ruta estratégica nos ha permitido aprovechar de manera muy intencionada los beneficios del fenómeno de "los asiduos". Los asiduos no son fruto de la casualidad; estamos hechos por naturaleza para ellos. A estas alturas, ya conoce la historia: La alta permanencia de los empleados y la gestión empresarial, junto con la continuidad en el mismo lugar, marcan la diferencia para los clientes habituales. Los asiduos no pueden llegar a sentirse comprometidos si todo y todos están cambiando constantemente. La estabilidad, el orden y la constancia de los miembros del equipo atraen a los asiduos. Independientemente de si se trata de una franquicia de pizzerías o de un local de sándwiches o de un restaurante selecto especializado en carnes como Ruth's Chris, los asiduos son los Clientes perfectos. Esta estructura es buena para la gente, es buen marketing y es estupenda para el negocio.

Se crean relaciones de muchos tipos y se desarrolla un historial de clientes. Nuestros vendedores están pendientes de lo que sabemos que a nuestros clientes les interesa comprar o vender, y los contactamos. Estos clientes tienen un amigo en el negocio, algo que casi todo el mundo aprecia, especialmente los asiduos.

EL CLIENTE PERFECTO

El cliente siempre tiene la razón es un dicho muy conocido en muchos círculos empresariales, pero nosotros nos centramos rotundamente en los "Clientes perfectos". A todos los clientes los tratamos con respeto, pero los asiduos reciben naturalmente ese toque personal adicional. Los Clientes perfectos tienen el potencial de convertirse en asiduos predecibles, leales y rentables. Hemos construido la empresa para atraer y retener a este tipo de clientes.

Para la persona común, con ingresos medios o altos, el día a día de nuestro negocio no suele ser ni familiar ni lo que se podría esperar. Una casa de empeño es una experiencia minorista diferente. La energía y el esfuerzo que invertimos en los asiduos puede parecer irracional sin este pequeño detalle: puede que su volumen en dólares no sea alto, pero su velocidad, es decir, su rápida y predecible tasa de retorno, seguro que sí lo es.

Pensamos en nuestros clientes asiduos en términos del valor vitalicio del cliente más las posibles referencias de amigos, vecinos y familiares. Siendo justos y honestos, y pensando en términos relativos a lo largo del tiempo, estamos estableciendo la oportunidad de un flujo de transacciones rentables durante años, por no decir décadas. Una relación rentable da un tono diferente a las transacciones. Mientras que una persona puramente transaccional podría inclinarse por "entrar a matar" y maximizar las utilidades, nosotros estamos dispuestos a ganar un poco menos por transacción si eso nos ayuda a conseguir a un cliente recurrente.

Para nuestros nuevos clientes es sorprendente el trato que reciben. El sello distintivo de nuestro servicio es la amabilidad, el respeto, la dignidad y la equidad. Tomando prestado de la cadena hotelera Ritz-Carlton: "Somos damas y caballeros al servicio de damas y caballeros". ¿Por qué no? ¿Acaso la clase trabajadora es menos digna? Tenemos el privilegio de prestar servicio a personas que generalmente no se consideran privilegiadas. Nuestro servicio no solo es respetable, sino también significativo, porque cada día marcamos la diferencia en la vida de nuestros clientes. Es un trabajo personal y gratificante desde el punto de vista financiero.

A los Clientes perfectos les agrada ver la misma cara atendiéndolos cuando van a nuestras tiendas. Cuando oyen su nombre y se acuerdan de ellos, la experiencia es positiva. La relación puede retomarse donde se dejó. En cambio, entrar en una tienda llena de desconocidos puede ser aceptable, pero no tan amistoso. Tener "un amigo en el negocio" crea una vía más agradable, segura y gratificante de hacer negocios. Desde el punto de vista del cliente, recibir la atención de un amigo supera el trato con un extraño siempre. Un nuevo cliente puede empezar como un completo desconocido, pero los que se ajustan a nuestro perfil de Cliente perfecto se convierten rápidamente en asiduos.

Nuestro objetivo es tratar bien a cada cliente. Explicamos cada transacción por adelantado. La retención y satisfacción de nuestros clientes nos aporta una enorme ventaja competitiva en términos de costos y de mercado. Francamente, estas relaciones mejoran el ánimo de los empleados, su sentimiento de pertenencia y su productividad. Cuando uno se preocupa por alguien y por su familia, quiere hacerlo lo mejor posible.

CRECIMIENTO ORGÁNICO

Nuestras tiendas suelen dar servicio a un vecindario situado en un radio de dos millas a la redonda. Los gerentes que llevan mucho tiempo en la empresa ven a los bebés convertirse en adolescentes, apoyan a los equipos de las ligas infantiles y proporcionan liderazgo comunitario. Los sábados suelen ser días especiales diseñados, a través de diversas promociones, para reunir a los vecinos e impulsar la afluencia a la tienda. Nos gusta hacer de nuestras tiendas lugares de encuentro. El Viernes Negro, el día después de Acción de Gracias, a menudo tenemos gente haciendo fila delante de la puerta para entrar desde temprano.

Las buenas relaciones contribuyen de modo decisivo a que una empresa sea sólida y rentable. Existe un respeto mutuo entre los empleados y los clientes. Nuestros clientes aprenden las reglas del juego y saben que nos ceñimos a nuestro modo de hacer negocios.

El acontecimiento culminante de todos nuestros esfuerzos por desarrollar nuestro modelo empresarial y nuestra cultura es la recomendación de un cliente. Cuando un cliente le habla a otra persona de nosotros y esa persona se convierte en cliente, entonces se está produciendo un crecimiento orgánico del negocio. No hay mejor ni más importante indicador de crecimiento y rentabilidad sostenibles que una base cada vez mayor de Clientes perfectos.

RESULTADOS

¿Cree que hablamos por hablar? Puede que sí, pero las encuestas a los clientes de Gallup Consulting nos mantienen íntegros. Gallup se refiere a los Clientes perfectos como "Clientes comprometidos". Su evaluación externa e independiente toma nuestras percepciones y las convierte en hechos con la encuesta CE[11] de nuestros clientes. Al igual que la encuesta Q[12] dirigida a los empleados, la CE[11] evalúa el "compromiso de los clientes": las actitudes y experiencias de los clientes. Con la autorización de Gallup, presentamos a continuación las preguntas y puntos utilizados:

CE1. Teniendo en cuenta todos los productos y servicios que recibe de ellos, ¿cuál es su grado de satisfacción en general respecto a la empresa?

CE2. ¿Qué probabilidad hay de que siga usando la empresa?

CE3. ¿Qué probabilidad hay de recomendarle la empresa a un amigo o compañero?

CE4. Nuestro nombre es un nombre en el que siempre puedo confiar.

CE5. La empresa siempre cumple sus promesas.

CE6. La empresa siempre me trata de manera justa.

CE7. Si surge un problema, siempre puedo contar con la empresa para llegar a una solución justa y satisfactoria.

CE8. Me siento orgulloso de ser cliente.

CE9. La empresa siempre me trata con respeto.

CE10. La empresa es perfecta para personas como yo.

CE11. No puedo imaginarme un mundo sin la empresa.

Si nos comparamos con el 10% de las mejores empresas de Gallup, igualamos o superamos las puntuaciones de referencia en todas las evaluaciones, año tras año. Nuestros resultados son considerados de "clase mundial" por Gallup Consulting, ya que nos sitúan en el percentil 92 de la base de datos mundial de clientes de Gallup. Estos puntos de referencia proceden de la base de datos de Gallup de tres millones de clientes que abarcan cuarenta y ocho mil unidades de negocio en 197 organizaciones repartidas por dieciséis industrias en cincuenta y tres países. Para que obtengamos estas altas puntuaciones, nuestros clientes tienen que estar muy de acuerdo con un determinado número de enunciados sobre lealtad y compromiso que los consultores de Gallup formulan en sus encuestas a clientes. Por ejemplo, más del 68% de nuestros clientes encuestados están de acuerdo o muy de acuerdo en que no pueden imaginar un mundo sin nosotros, y el 88% está de acuerdo o muy de acuerdo en que somos la empresa perfecta para ellos. El mismo porcentaje cree que les tratamos de manera justa. Gallup nos dice que estos resultados son significativamente más positivos que los de la gran mayoría de las empresas a las que ha asesorado Gallup a lo largo de los años.

Veámoslo de otro modo. Aunque Gallup no publica estadísticas comparativas de empresas individuales, creo firmemente que a nivel de nuestra industria ofrecemos un servicio al cliente y una fidelidad que están a la altura o son mejores que los de empresas de clase mundial como The Ritz-Carlton Hotel Company, Wells Fargo Bank, Best Buy, Chick-fil-A y Publix.

Lo que hace que nuestras cifras resulten tan increíbles para las personas ajenas a nuestro público objetivo es la incapacidad de relacionarse con nuestro entorno particular. Nuestro sistema va en contra de los modelos empresariales en los que un servicio al cliente extraordinario suele estar reservado a las personas con ingresos más altos. Nuestro modo de hacer negocios puede parecer poco convencional, pero es la razón por la que tenemos tanto éxito según casi todos los parámetros, y en cualquier tipo de negocio. Dar servicio a los Clientes perfectos del modo perfecto perpetúa la productividad y la rentabilidad.

SMART MOVE 37

Cree el negocio para el Cliente perfecto.

No todos los clientes son rentables, y nuestro negocio no puede ser todo para todos. En lugar de eso, tenemos que buscar y conseguir el tipo adecuado de cliente: uno que nos proporcione un flujo de caja constante y un rendimiento rentable de la inversión en los años venideros.

El cliente casi nunca se equivoca. **César Ritz**

A principios del siglo XX, César Ritz descubrió el valor de buscar y dar servicio al Cliente perfecto y de tratar bien a ese cliente. Al igual que Henry Ford, Ritz sabía que, para su cadena hotelera, ciertos clientes eran rentables mientras que otros no lo eran.

Al considerar a nuestro Cliente perfecto, utilizamos tres reglas:

1. A la personas les gusta hacer negocios con personas que conocen y en las que confían. Esto es válido tanto para los clientes como para los empleados. Los clientes que han desarrollado relaciones estables y duraderas con nuestros gerentes y nuestro personal de tienda realizan más negocios con nosotros. Nuestras estadísticas de continuidad de los gerentes confirman esta regla.

2. Algunos clientes nos resultan más rentables que otros. Pagan los cargos por servicio puntualmente y requieren menos atención y servicio porque somos mutuamente eficientes a la hora de realizar las transacciones.

3. La amabilidad y la equidad se dan gratuitamente y pagan dividendos en el crecimiento del negocio a través del boca a boca. Nuestro servicio de atención al cliente de clase mundial y nuestras políticas favorables atraen a personas que buscan un trato justo y se sienten como si estuvieran en una posición ventajosa dentro de la empresa.

Cuantos más clientes podamos atraer que encajen en uno o más de los tres grupos anteriores, mayores serán nuestras posibilidades de cosechar las recompensas de una alta retención de clientes. En la práctica, estas recompensas tienden a subir en espiral, consolidándose sobre su propio éxito. Mejores clientes crean un flujo de caja más rentable.

La investigación realizada en el libro de Frederick Reichheld, *The Loyalty Effect (El efecto lealtad)*, afirma que los clientes que prefieren las relaciones a largo plazo tienden a "fidelizarse" con un proveedor. Son los más difíciles de persuadir para que abandonen a un competidor, incluso por un ahorro significativo en el precio. Valoran mucho la confianza y el menor riesgo. Mientras tanto, otras personas son cazadoras de precios y se lanzarán incluso por un ahorro del 2%.

En definitiva, la única manera de atraer y retener a los Clientes perfectos es ofreciendo un servicio excepcional de atención al cliente y coherente con las expectativas de los Clientes perfectos. Lo que confunde a muchos empresarios es la simple pregunta: ¿quién es mi Cliente perfecto? El método de ensayo y error es una manera de intentar descubrir a su Cliente perfecto, una manera costosa y arriesgada. La otra manera es pensar con visión de futuro y estratégicamente sobre lo que uno está intentando construir, a través de la estrategia, las tácticas y los resultados. Seguirá habiendo mucho ensayo y error, pero el aprendizaje tendrá una base con la que medirse. Nuestra Ruta estratégica proporciona esa plataforma de aprendizaje y mejora.

SMART MOVE 38
No externalice el servicio de atención al cliente.
Lleve el servicio de atención al cliente lo más cerca posible del cliente. ¡No recurra a terceros! Esto generará fidelidad y confianza de los clientes en su empresa.

Ofrecemos un servicio total a nuestros clientes teniendo a un joyero disponible en cada tienda. Esto sorprende a las personas tanto dentro como fuera de nuestra industria, pero la joyería es un gran porcentaje de nuestro negocio y nos lo tomamos en serio. Un joyero in situ proporciona al cliente un servicio inmediato. También podemos ocuparnos de las reparaciones y la limpieza, a menudo sin cargo alguno. Los joyeros son una gran inversión porque todos ganan: Los clientes obtienen la comodidad de una compra única, por lo que siguen haciendo negocios con nosotros.

Las cadenas minoristas de joyería suelen centralizar a sus joyeros en lugar de contar con uno en cada establecimiento, aparentemente para lograr una mayor eficacia operativa y economizar en personal. Sin embargo, contar con un joyero siempre disponible supone un asombroso retorno de la inversión. Mientras nuestros competidores se están ocupando de los trámites, el embalaje, el seguro, el envío, la evaluación, el seguimiento y la devolución de las joyas, nosotros ya hemos vendido el artículo. Nuestro tiempo de comercialización es de horas, no de días o semanas. Nuestros costos de mantenimiento de inventario más bajos justifican aún más la inversión, y también evitamos el costo de oportunidad de la pérdida de ventas y rentabilidad.

Los joyeros se encargan constantemente de limpiar y reparar nuestra mercancía, para que se vea como nueva cuando se exponga. Los joyeros se aseguran de que todas las piezas funcionen y estén en orden. Si surge algún problema, nuestro joyero está allí para solucionarlo. Nuestra reputación de joyería de confianza existe porque nuestros clientes confían en que el valor del producto es justo.

Un joyero es sinónimo de conveniencia. Por ejemplo, a menudo se puede ajustar el tamaño de un anillo inmediatamente. Una visita única ahorra tiempo y esfuerzo a nuestros clientes. Dar un regalo es aún más satisfactorio cuando el anillo se ajusta correctamente al dedo.

Aplique lo siguiente a cualquier negocio: Realice el servicio de atención al cliente en la tienda. No ahorrará dinero ni aumentará la rentabilidad externalizando este servicio.

RESUMEN DEL CAPÍTULO

PUNTOS CLAVE

- Nuestra Ruta estratégica crea un impulso o flujo que conduce a la experiencia del cliente. Una cultura definida crea una experiencia del cliente que tiende a captar clientes. No somos la tienda ideal para todo el mundo, pero las personas a las que damos servicio nos adoran.

- No todos los clientes son rentables. No podemos dar servicio a clientes que no son rentables.

- Muchos de nuestros clientes son "asiduos", es decir, personas con las que mantenemos una relación duradera y de confianza.
- Utilizamos la encuesta CE11 de Gallup Consulting para evaluar el compromiso de los clientes. Pertenecemos a la categoría "clase mundial" de Gallup.

SMART MOVE 37
Cree el negocio para el Cliente perfecto.

No todos los clientes son rentables, y nuestro negocio no puede ser "todo para todos". En lugar de eso, tenemos que buscar y conseguir el tipo adecuado de cliente: uno que nos proporcione un flujo de caja constante y un rendimiento rentable de la inversión en los años venideros.

SMART MOVE 38
No externalice el servicio de atención al cliente.

Lleve el servicio de atención al cliente lo más cerca posible del cliente. ¡No recurra a terceros! Esto generará fidelidad y confianza de los clientes en su empresa.

CAPÍTULO 10

CRECIMIENTO SOSTENIBLE: ¿EN QUÉ PUNTO ALCANZAN EL NIVEL MÁXIMO LOS INGRESOS DE SUS TIENDAS?

Dale un pez a un hombre y comerá hoy.

Enséñale a pescar y comerá el resto de su vida.

CON FRECUENCIA ME PREGUNTAN POR EL POTENCIAL MÁXIMO DE UTILIDADES DE NUESTRAS TIENDAS. Esto despista, porque se me está pidiendo que ponga límites al talento y a la inteligencia de las personas. De ninguna manera. ¿Quién soy yo para poner tales límites? ¿Por qué querría responder a esa pregunta y limitar nuestro potencial? Nos gusta que los miembros de nuestro equipo establezcan nuevos récords, logren lo inalcanzable y produzcan utilidades reales inimaginables. Somos una empresa de porristas, y yo soy el mayor de ellos. Alentamos a nuestra gente para que descubra nuevas y mejores fórmulas de hacer negocios. Luego pueden compartir con el resto de nosotros cómo lograron lo "imposible". Podemos celebrar su éxito e incorporar a nuestras prácticas lo que han aprendido, para que todos nosotros podamos mejorar.

CRECIMIENTO SOSTENIBLE

```
┌──────────────────┐          ┌──────────────────┐
│ Identificación de│          │ Aumento del Precio│
│    Fortalezas    │          │   de las Acciones │
└──────────────────┘          └──────────────────┘

┌──────────────────┐          ┌──────────────────┐
│  Estrategia de   │          │   Aumento de las │
│ Salarios Prósperos│         │  Utilidades Reales│
└──────────────────┘          └──────────────────┘

┌──────────┐                  ┌──────────────┐
│  Encaje  │                  │  Crecimiento │
│ Perfecto │                  │  Sostenible  │
└──────────┘                  └──────────────┘

┌──────────────┐              ┌──────────────┐
│ Capacitación │              │   Clientes   │
│   Adecuada   │              │ Comprometidos│
└──────────────┘              └──────────────┘

┌──────────────┐              ┌──────────────┐
│   Gerentes   │              │  Empleados   │
│ Excepcionales│              │ Comprometidos│
└──────────────┘              └──────────────┘

              ┌──────────┐
              │ Grandes  │
              │ Equipos  │
              └──────────┘
```

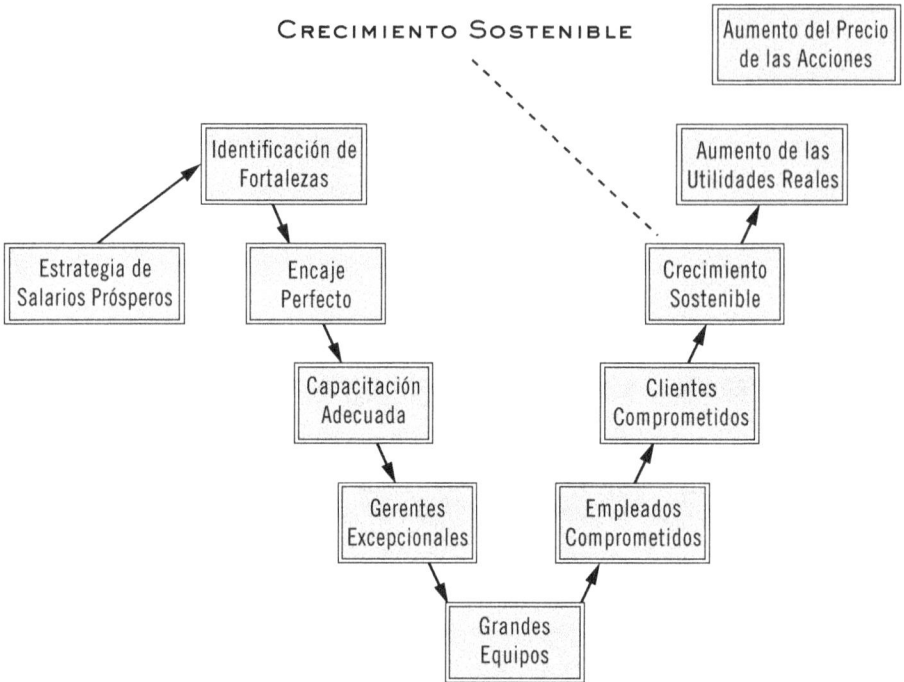

Crecimiento sostenible significa que el negocio nunca alcanza su nivel máximo. Independientemente de que "el negocio" se defina como una persona, una tienda, una región o toda una empresa, la pregunta definitoria es siempre: ¿somos capaces de mejorar? La respuesta no es una cuestión de operaciones, marketing, finanzas o sistemas de recursos humanos; no depende de las condiciones del mercado, la economía o los asuntos mundiales. La respuesta a esta pregunta se reduce a un único factor: la convicción de ser mejores.

Ser mejor comienza como una elección personal que queremos que haga cada miembro del equipo, tanto personal como profesionalmente. El crecimiento sostenible del negocio no es posible hasta que cada persona del equipo cree que la mejora es posible. Nuestro negocio depende de la confianza colectiva de nuestro equipo. En vista de ello, nuestra Ruta estratégica permite a nuestro personal darse cuenta más plenamente de la contribución que podría aportar al equipo cada uno de ellos. La empresa es la beneficiaria de esta curva ascendente en competencia y confianza.

En pocas palabras, las tiendas o entidades en funcionamiento no llegarán a su nivel máximo cuando la gestión se centre en reducir la rotación de personal, aumentar la continuidad entre el personal y revisar sistemáticamente la productividad individual. Aunque no se trate de una fórmula secreta para el éxito, se ha demostrado que funciona en nuestra empresa. El crecimiento sostenible, por consiguiente, depende en gran medida de la capacidad de la gestión empresarial para centrarse en los aspectos adecuados.

NUTRIENTES

No hay atajos para el Crecimiento sostenible. Requiere una mentalidad y una filosofía de hacer negocios que deben enseñarse y aprenderse en toda la organización. La palabra *sostener* deriva de la combinación de dos palabras del latín: *sus-* ("de abajo hacia arriba") y *tenere* ("sujetar"). La raíz primaria para el crecimiento es aquí nuestra Ruta estratégica, y las raíces laterales son los SMART Moves; estas sostienen el crecimiento ascendente de la empresa. Nos ha llevado años de aprendizaje desarrollar nuestra Ruta estratégica y discernir qué movidas no son tan SMART y cuáles sí lo son.

El libro de Jim Collins y Jerry Porras *Built to Last* (*Creadas para durar*) explica cómo sentar las bases para crear una empresa con vistas al largo plazo en lugar de buscar resultados inmediatos. Los autores destacan la importancia del pensamiento a largo plazo que influye en las acciones a corto plazo. En comparación, el pensamiento motor de muchos empresarios es solo a corto plazo: *¿Qué me puede hacer ganar más dinero en este instante?* A continuación, esa persona actúa basándose en esa evaluación. De hecho, este enfoque a menudo solo produce ingresos inmediatos, lo que parece justificable pero pronto se desvanece. Sin embargo, debido a la aparente retribución, este comportamiento se convierte en un patrón de golpes rápidos de obtención de utilidades. A menudo este enfoque está asociado a un estilo de vida de "festín o hambruna". Muchos vendedores o pequeños empresarios se encuentran en este ciclo de trabajo que acaba por agotarlos. Por el contrario, el creador de empresas a largo plazo invierte el tiempo adecuado en el negocio para desarrollar sistemas que generen ventajas sostenibles y oportunidades de obtener utilidades.

Aunque hacemos muchas cosas bien, aportando los "nutrientes" adecuados para sostener el crecimiento potencial de la empresa, ni siquiera hemos rozado la superficie de lo que es posible. Cada día, en cada función, nos estamos superando desde dentro.

CAPACITACIÓN Y MANTENIMIENTO

La capacitación se divide en dos grandes categorías: destrezas y conocimientos. La mayor parte de la capacitación se centra en dotar a las personas de los conocimientos necesarios para aprender y cumplir las expectativas y los estándares del puesto de trabajo. La capacitación en materia de conocimientos, sin embargo, consiste en transformar el pensamiento, la perspectiva, los valores y, en última instancia, la capacidad de toma de decisiones de una persona. Invertimos mucho en la capacitación de conocimientos porque así es como se alcanza el éxito.

La competencia conduce a la autoconfianza. Nuestra Ruta estratégica consiste principalmente en una capacitación basada en conceptos e integrada con una capacitación basada en destrezas para crear una experiencia de aprendizaje más amplia. Incluso las personas seguras de sí mismas, cuando se enfrentan a un nuevo reto, son propensas a ser poco audaces. Hay una curva de aprendizaje de por medio. Nuestra Ruta estratégica y nuestra cultura de aprendizaje respaldan a todos los miembros de nuestro equipo, permitiéndoles desarrollar su competencia y, por consiguiente, su autoconfianza.

Puede que todo esto le suene bien, pero, ¿se pregunta por qué es importante para la empresa? Le explicamos por qué: Las personas competentes y seguras de sí mismas tienden a estar más comprometidas con su vida y su trabajo. Aportan una actitud positiva de "puedo hacerlo" a quienes están a su alrededor. Las personas seguras de sí mismas son más propensas a explorar más allá de su zona de confort hacia áreas de crecimiento. Esta actitud de asumir riesgos hace nacer nuevas ideas e innovaciones que mejoran la empresa. Cuando cada miembro productivo del equipo también se esfuerza constantemente por innovar y mejorar, la empresa está en condiciones de prosperar. No hay un punto máximo de rendimiento cuando se cuenta con personas competentes y seguras de sí mismas.

El Crecimiento sostenible es una actitud del corazón y de la mente antes de convertirse en un resultado en el bolsillo. Puedo afirmar inequívocamente que, dentro de nuestra industria, contamos con el mejor programa de desarrollo personal y profesional del mundo, y eso conduce a los miembros de nuestro equipo a la abundancia de espíritu, amistades y finanzas.

Nuestras ventajas en el mercado se reducen a una sola cuestión: valoramos a nuestra gente. Los miembros de nuestro equipo mejoran cada día, y así la empresa sigue creciendo en ingresos y utilidades. Sí, estamos sumando tiendas mediante el desarrollo *de novo* y fusiones y adquisiciones selectas, pero nada de esto es posible sin personas que crezcan tanto dentro como fuera del trabajo.

Una empresa en crecimiento es diferente a una empresa que experimenta un Crecimiento sostenible. Ambos tipos de empresas comparten el objetivo de obtener utilidades y suelen medirse mediante parámetros similares de Wall Street u otros análisis. Pero para la empresa que tan solo está en fase de crecimiento, los conceptos de sostenibilidad e impulso no figuran en los marcadores, por lo que a menudo se pasan por alto. La *sostenibilidad* implica que la empresa tiene consistencia y puede renovarse según sea necesario para seguir creciendo. El *impulso* se refiere al peso y la inclinación de la organización para seguir adelante.

Como empresa de Crecimiento sostenible, estamos organizados por un conjunto distinto de principios, perspectivas y medidas que los de una empresa dedicada al crecimiento. Estamos hechos para el largo plazo, no para la venta rápida. Resistimos la tentación de muchas empresas de crecimiento de manipular los números para publicar y cumplir las previsiones mediante rápidas expansiones o adquisiciones que ponen en riesgo la cultura corporativa y tensan las operaciones. La rentabilidad sobre el papel puede inflar las cifras que hacen desmayarse a los analistas, pero estas maniobras a menudo pueden poner en peligro el núcleo del negocio. En su lugar, nos centramos en contar con los mejores miembros del equipo con mayores oportunidades, que ejecutan los fundamentos de nuestro negocio con excelencia. Las utilidades son mucho más previsibles en una empresa comprometida con el Crecimiento sostenible.

SMART MOVE 39

No desplace al personal de un lugar a otro.

Nuestros informes de continuidad demuestran que trasladar a las personas de un local a otro afecta negativamente a todos los rubros contables de la declaración de ingresos. El crecimiento sostenido de los ingresos se produce en las tiendas en las que no se ha desplazado al personal.

Muchas empresas desplazan a su personal, ya sea de un departamento a otro, de una tienda a otra o de una región a otra. Estoy seguro de que las razones que justifican algunos de estos traslados son totalmente válidas. Sin embargo, apuesto a que la mayoría de estos se producen por problemas de falta de personal y de banco de talentos. Nuestro informe de continuidad (a continuación) es una prueba del crecimiento sostenido de los ingresos en las tiendas en las que no se ha desplazado personal. Si los ingresos duplican a los de las tiendas en las que se ha reubicado al personal, ¿por qué habría que desplazar a la gente?

RESUMEN DEL CAPÍTULO

PUNTOS CLAVE

- ¿Los ingresos de una tienda alcanzan alguna vez su nivel máximo? La respuesta es no si la gestión empresarial se centra en una baja rotación de personal, en aumentar la continuidad entre el personal y en evaluar la productividad individual de manera constante. No hay ningún beneficio en poner límites a la imaginación y el talento de las personas. Las personas adecuadas en el puesto adecuado, operando conforme a sus fortalezas con un gran equipo, pueden lograr lo "imposible": un crecimiento infinito.

- El Crecimiento sostenible es una mentalidad a largo plazo. Implica sentar bases o crear una plataforma de crecimiento basada en principios y actitudes que perduren en el tiempo.

- El núcleo de nuestro Crecimiento sostenible es la convicción de que la empresa marcha bien más la confianza en que podemos mejorar cada día.

SMART MOVE 39
No desplace al personal de un lugar a otro.
Nuestros informes de continuidad demuestran que desplaza a las personas de un local a otro afecta negativamente a todos los rubros contables de la declaración de ingresos. El crecimiento sostenido de los ingresos se produce en las tiendas en las que no se ha desplazado al personal.

CAPÍTULO 11

AUMENTO DE LAS UTILIDADES REALES: *¿ACASO NO SON REALES TODAS LAS UTILIDADES?*

Las utilidades como las salchichas… son las más apreciadas por quienes menos saben cómo se hicieron.

Alvin Toffler, *Future Shock* (*El shock del futuro*)

TODAS LAS UTILIDADES SE DECLARAN DE LA MISMA MANERA EN LA DECLARACIÓN DE INGRESOS, PERO NO TODAS LAS UTILIDADES SON IGUALES. Existen las "utilidades reales" provenientes de las operaciones: el resultado sostenible de la excelencia operativa. Luego tenemos las "utilidades cosméticas" extraídas de una empresa mediante una ingeniería financiera exagerada; estas maniobras amenazan la existencia misma de la organización. En Texas, este método de obtener utilidades se conoce como "comerse la semilla de maíz": devorar la reserva de las mejores semillas que pretende acumular un agricultor de una temporada de cultivo a la siguiente, para asegurarse de que dispone de maíz para sembrar en el futuro.

Las utilidades reales, por otro lado, se cosechan cuando se siembran esas extraordinarias semillas cada año. La prosperidad y el Aumento de las utilidades reales están directamente relacionados. Este vínculo

AUMENTO DE LAS
UTILIDADES REALES

Aumento del Precio
de las Acciones

Identificación de
Fortalezas

Aumento de las
Utilidades Reales

Estrategia de
Salarios Prósperos

Encaje
Perfecto

Crecimiento
Sostenible

Capacitación
Adecuada

Clientes
Comprometidos

Gerentes
Excepcionales

Empleados
Comprometidos

Grandes
Equipos

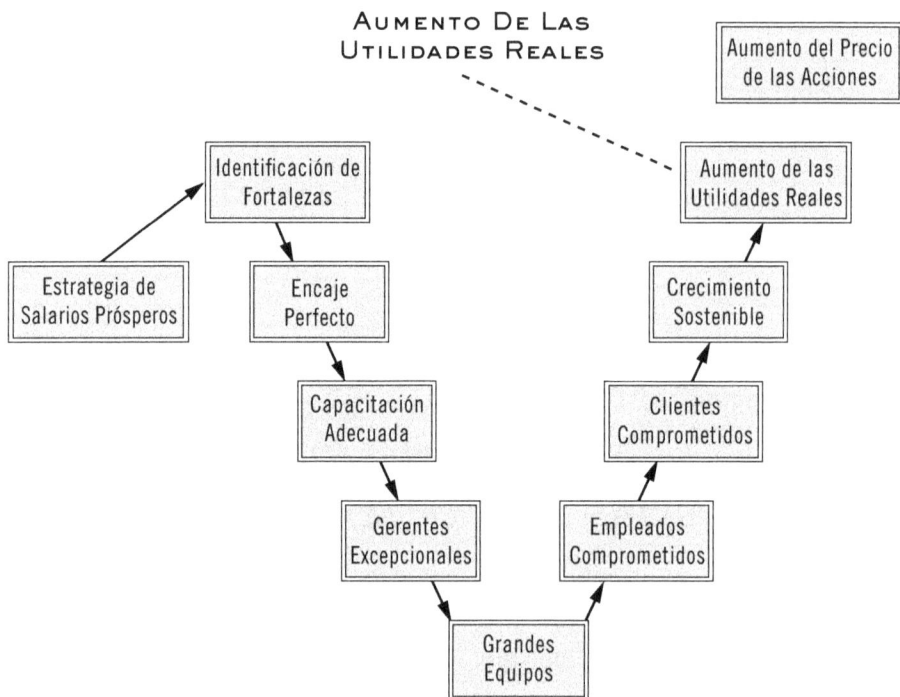

claro y documentado es un esquema para mejorar la contribución fundamental de nuestra empresa a nuestros empleados, nuestros clientes y nuestros inversionistas. Nuestra Ruta estratégica proporciona tanto un diseño como un método para lograr el Aumento de las utilidades reales, donde el todo es mayor que la suma de las partes. La integración significativa de las personas, las operaciones, la economía y la contabilidad para lograr un mayor servicio colectivo es un estándar de productividad ganado a pulso. El Aumento de las utilidades reales es un método integral que produce abundancia para todos los grupos del Triángulo.

Nuestros primeros accionistas desarrollaron la visión de crear esta empresa siguiendo unos estándares perdurables, y por ello les estoy sinceramente agradecido. Hemos evitado la obtención de utilidades con poca visión de futuro y en su lugar hemos invertido en las personas, aprovechando su deseo de hacer una contribución estable y a largo plazo en el mundo a su alrededor. Incluso antes de que conociéramos la

Ruta Gallup, invertíamos en el bienestar a largo plazo de los empleados y los veíamos como los contribuyentes esenciales de las utilidades reales del comercio minorista, no como un rubro contable en la declaración de ingresos. Sabemos cómo obtener utilidades reales: invirtiendo en los miembros de nuestro equipo.

GENERAR UTILIDADES Y CAPTAR UTILIDADES

Para simplificar, digamos que hay dos tipos de utilidades: las reales y las cosméticas. Las utilidades reales proceden de la excelencia operativa; implican mejorar la capacidad básica de la empresa para que funcione con mayor eficacia y eficiencia. El Aumento de las utilidades reales es la obtención de utilidades dentro de los fundamentos del negocio. Nuestra Ruta estratégica mantiene nuestro enfoque en las utilidades reales.

Las utilidades cosméticas, sin embargo, son el resultado de la ingeniería financiera y derivan de cualquier otra cosa que no sean las operaciones principales del negocio. Estas cifras finales pueden reflejar acontecimientos extraordinarios, fluctuaciones de los tipos de cambio y elecciones estándar de contabilidad (ejemplos de obtención legítima de utilidades debido a circunstancias u oportunidades especiales). Afectan a la declaración de utilidades pero no influyen directamente en los fundamentos de la declaración de ingresos por encima del margen bruto.

La descripción de La Ruta Gallup en el sitio web de Gallup Consulting le aporta perspectiva a la diferencia entre las utilidades reales y las utilidades cosméticas:

> El Aumento de las utilidades reales solo puede ser impulsado por un crecimiento sostenible. El Crecimiento sostenible es muy diferente al "crecimiento adquirido". Una empresa puede adquirir crecimiento a través de una serie de técnicas: adquiriendo el flujo de beneficios de otra empresa, recortando los precios o, un eterno favorito entre las cadenas de restaurantes

o minoristas de rápido crecimiento, abriendo tantos locales nuevos como sea posible, lo más rápidamente posible. Todas estas técnicas crean un bien recibido repunte en sus ganancias, pero ninguna de ellas aborda la problemática de mantener esas ganancias; de hecho, algunas de ellas la debilitan activamente. El Crecimiento sostenible no se mide por un repunte efímero de las ganancias. Más bien, el Crecimiento sostenible se mide por métricas como las ganancias por tienda, o los ingresos por producto, o el número de servicios usados por cliente. Estas métricas revelan si su flujo de ingresos es robusto o no, es decir, si perdurará.

Los captadores de utilidades recortan gastos con acciones como despidos generalizados o recortes indiscriminados de gastos, para producir destellos de rentabilidad. Logran cumplir su presupuesto, pero matan a la gallina de los huevos de oro. Esta erosión del negocio principal lo relega a un estado de crisis constante. La gestión empresarial por adrenalina puede producir repuntes de ganancias, pero suele ir acompañada de una elevada rotación de personal y de falta de continuidad debido al agotamiento y al descontento. Siempre conduce a una cultura malsana y a unos resultados por debajo de lo esperado.

Nuestra sociedad parece estar engendrando esta "mentalidad del ahora". Muchos de nuestros nuevos contratados tienen que desaprender lo que han experimentado en puestos anteriores. No hay nada atractivo en obtener ganancias mediante la ingeniería financiera. Por desgracia, la estrategia, las políticas, los sistemas de remuneración y la presión para dar buenas noticias a menudo conspiran para corromper la cultura corporativa de una organización. En estos casos, el responsable está más interesado en *mostrar* utilidades que en *generar* utilidades. Llegará el día del ajuste de cuentas. Las utilidades reales, por otro lado, no se pueden maquillar mediante recortes ingeniosos de gastos y una contabilidad prestidigitada.

GESTIÓN PARA OBTENER UTILIDADES REALES

Los generadores de utilidades contrastan fuertemente con los falsificadores de utilidades y los captadores de utilidades. Los generadores de utilidades dirigen una empresa hacia un Aumento de las utilidades reales mediante, como recomendaba Peter Drucker, "hacer lo correcto y hacerlo correctamente". Las utilidades reales provienen de lo más profundo de la estrategia, la cultura, los mercados y las operaciones de una empresa. Los gerentes preparan a los miembros del equipo para que actúen y luego permiten que los resultados (utilidades) orienten la siguiente temporada de mejora de "planificar, hacer, revisar". Las utilidades (o pérdidas) son una retroalimentación, no el fin del juego. El impulso y la mejora de las utilidades aportan contexto y continuidad. Las utilidades reales son el principal indicador del grado de integración y rendimiento de la empresa. En lugar de jugar con el negocio, los generadores de utilidades juegan con excelencia al juego de hacer negocios.

Nuestra Ruta estratégica y nuestros SMART Moves constituyen una guía altamente desarrollada que permite motivar, capacitar y responsabilizar adecuadamente a los trabajadores y a los gerentes de los resultados sociales, económicos y financieros. Estas herramientas son altamente predictivas de un Aumento de las utilidades reales. Al jugar conforme a las reglas del juego, vemos repetidamente resultados de buena fe.

LA CAUSA DE LAS UTILIDADES

La causa y el efecto son amigos muy cercanos de quienes gestionan una empresa para obtener utilidades. De hecho, nuestra Ruta estratégica es una vía hacia la productividad que integra las múltiples perspectivas de las utilidades. Nos permite lograr resultados de clase mundial para quienes se encuentran en el Triángulo SMART Moves, manteniendo al mismo tiempo unos estándares y expectativas elevados en toda la empresa. El Aumento de las utilidades reales es el producto orgánico de la mejora de las realidades estratégicas y operativas fundamentales del modelo empresarial y la cultura. Todo lo que ha leído hasta ahora en este libro contribuye a crear una mejor experiencia para los empleados y los clientes, lo que se traduce en un Aumento de las utilidades reales para los inversionistas y los miembros del equipo.

Los captadores de utilidades reaccionan instantáneamente de modo adverso a nuestra Ruta estratégica. Se atragantan con el primer paso: una Estrategia de salarios prósperos. Han construido su negocio sobre la base de pagar a la gente lo menos posible en lugar de pagarles lo que más puedan, así que obtienen a cambio aquello por lo que pagan y se merecen. Pagar "de más" va en contra de su mentalidad empresarial. En su lugar, pagarán salarios bajos y dejarán que los mejores suban a lo más alto de una carrera profesional mal definida y subjetiva. Jugarán con las comisiones de ventas, porque los vendedores ganan "demasiado" dinero. Como explicó Henry Ford, los salarios bajos arruinarán una empresa, mucho antes que al empleado. Y los que se aprovechan de las utilidades se preguntan por qué tienen rotación de personal, por qué no pueden encontrar gente buena . . . ¡por qué su negocio no está ganando más dinero! Nuestra Ruta estratégica es contraria a la intuición de los captadores de utilidades, especialmente de aquellos que se han engañado a sí mismos creyendo que en realidad son generadores de utilidades. Las utilidades engendran utilidades; no se pueden generar utilidades en un área reteniéndolas en otra.

**Triángulo
SMART *Moves***

Empleados

Inversionistas

Clientes

Una empresa de generadores de utilidades, en cambio, alimenta las necesidades actuales y prevé el futuro. La planificación de la sucesión es esencial. Cuando se produce una rotación de personal perjudicial (SMART Move 2) en nuestra empresa, existe el banco de talentos (SMART Move 29) para que otro generador de utilidades asuma el puesto.

Hay personas que talarán un manzano para conseguir las manzanas que quieren tener en este momento. No queda nada para los que vengan detrás, ya que no habrá cosecha el año que viene. Muchos gerentes se equivocan al realizar una gestión de utilidades en lugar de realizar una gestión *para* obtener utilidades. Los que buscan la ingeniería financiera tienen una perspectiva superficial y sesgada de los negocios. Los que llevan a cabo una gestión empresarial para obtener utilidades ven más allá de los números y se adentran en las mentes, los corazones y las almas de las personas (empleados, clientes, inversionistas y el público en general) para organizar la empresa de modo que todos se beneficien de las utilidades resultantes. Una empresa es más que un motor de medios económicos. Forma parte del tejido social del país.

Cualquier libro de economía le dirá que una empresa existe para obtener utilidades. Lea un libro de sociología y le dirá que una empresa existe para mejorar la sociedad. Estudie un libro de contabilidad y aprenderá que las utilidades son el excedente de los ingresos menos los gastos. ¿Cuál es la opinión correcta? La respuesta es que cada una es correcta dentro de su disciplina. Estas tres visiones de una empresa son diferentes, pero no se excluyen entre sí.

SMART MOVE 40
Sepa lo que se entiende por utilidades.

El economista ve las utilidades como el resultado esencial de una empresa que la sostiene y le permite prosperar. El sociólogo ve la organización en términos humanos y se fija en su contribución para hacer del mundo un lugar mejor. El contador informa sobre una relación matemática. Hemos reconciliado las tres perspectivas en un único y cohesivo significado y satisfacción de las utilidades.

El reto del empresario es integrar con éxito muchas disciplinas para producir utilidades reales al final del período según todas las medidas: económicas, sociales y contables. Las utilidades son de vital importancia, pero son una medida contable de la eficacia de una empresa, no un método de gestión empresarial. Para la prensa y los políticos, las "utilidades en exceso" es una frase resonante muy conveniente. Sin embargo, la obtención de utilidades beneficiosas es el motor del progreso y la prosperidad.

Soy un evangelista de los negocios. Sin embargo, también soy realista: Hay gente malintencionada por ahí haciendo negocios a costa de todos, pensando solo en su propio interés. Pueden ascender, pero para mantener el negocio, tendrán que proporcionar un valor mayor que el costo de sus bienes o servicios. De lo contrario, el sistema de libre empresa los sacará del negocio.

No nos centremos en las excepciones. En su lugar, elevemos las expectativas de hacer las cosas como es debido en los negocios. Las utilidades reales surgen de la decisión consciente de tratar a las personas adecuadamente, de entregar y mejorar constantemente los bienes y servicios propios, y de obtener una utilidad digna de la propia contribución a la condición de la humanidad. He aquí la nobleza inherente a los negocios que para demasiadas personas nunca se realiza, ni se experimenta. Todos somos capaces de ser mejores.

Parece un concepto bastante sencillo: La responsabilidad de las utilidades comienza con los vendedores, continúa con los gerentes de tienda y se extiende por todo el organigrama hasta llegar a mi puesto de presidente y director ejecutivo. Cuando nuestros vendedores obtienen utilidades para sí mismos, entonces la empresa se está beneficiando. Demasiados sistemas de compensación se diseñan como controles financieros y no como liberadores del espíritu empresarial. ¿Por qué tantas empresas diseñan sus sistemas de compensación para que su gente pierda invariablemente?

SMART MOVE 41
Logre que se produzcan utilidades.

Permita que las personas ganen honestamente al dar servicio a los demás. La responsabilidad sobre las utilidades y las pérdidas debe extenderse por toda la empresa para que las utilidades sean posibles para todos los que integran el Triángulo.

Los captadores de utilidades están atados de modo ciego a los resultados a corto plazo, incluso a riesgo de la sostenibilidad a largo plazo de la empresa. Esta práctica se denomina "maquillar las cifras", que se refiere al inflado artificial de las medidas de rendimiento para aparentar una mejor impresión que la real del rendimiento subyacente. El maquillaje de cifras se atribuye con mayor frecuencia a los gerentes de carteras de inversión que manipulan sus participaciones justo antes del final de un período de información para cumplir los objetivos de referencia. Se trata de una práctica engañosa, aunque legal, de una persona que quiere quedar bien o ganar una bonificación, o ambas cosas. El sistema recompensa su engaño, y se trata sencillamente de un error.

El maquillaje de cifras no se limita a los gerentes de cartera. Es una práctica cotidiana realizada por cualquiera, pero no por todos, que sea responsable de las utilidades y pérdidas de una entidad: un área de ventas, un departamento o una empresa. Jugar con las utilidades no es solo un acto engañoso sino también un acto desesperado de personas que no son capaces de hacer el trabajo de otra manera. Les están ganando, así que recortan gastos y ocultan este hecho con la esperanza de que las cosas acaben volviéndose a su favor. Sin embargo, desvestir a un santo para vestir a otro sigue siendo un delito. No es que sean necesariamente malas personas. Lo más probable es que nunca hayan sido conducidos a la verdadera prosperidad por un mentor. Se las arreglan a duras penas, haciendo lo mejor que pueden con los conocimientos y la comprensión que tienen. La capacidad de ganar dinero es una destreza que se puede aprender, siempre que se cuente con un maestro calificado. Baste decir que la educación tradicional en este contexto puede ser casi irrelevante.

Lo opuesto al maquillaje de cifras es el "*sandbagging*", literalmente, construir una defensa con sacos de arena, en el que el gerente oculta información o utilidades de manera engañosa para infravalorar los beneficios. Puede parecer una práctica extraña para el observador casual, a menos que la relacione con la motivación. Supongamos que a un vendedor le faltan 200 unidades para alcanzar su cuota mensual y va a dejar de ganar su bonificaciónn mensual. El último día del mes, vende 185 unidades, cerca de su cuota, pero sin llegar a ganar la bonificación. Amontona el pedido para poder empezar el nuevo mes con 185 unidades. Sus posibilidades de obtener una bonificación en el nuevo mes han aumentado. Este ardid es tan común que muchos vendedores ni siquiera son conscientes de que es una práctica deshonesta a los ojos de su empleador.

En cualquier empresa de nuestro calibre, sería fácil inflar artificialmente las cifras para presentar utilidades a nuestros accionistas. Este acto es contrario a nuestro modo de operar. Pone en marcha una adicción enfermiza a presentar utilidades en lugar de buscar una excelencia operativa que produzca utilidades. En ese momento, la empresa se convierte en un juego de contabilidad en lugar de un motor de utilidades económicas y contribución social. Aquí es donde más importa mi carácter de director ejecutivo. La tentación de complacer a los accionistas a corto plazo obliga a muchos de mis colegas directores ejecutivos a entrar en una espiral descendente; al final, el castillo de naipes se derrumba a su alrededor. Al capacitar a toda nuestra empresa para seguir nuestra Ruta estratégica, hemos desarrollado una empresa de socios responsables. Esto nos mantiene a todos en la senda correcta.

RESUMEN DEL CAPÍTULO

PUNTOS CLAVE

- No todas las utilidades son iguales. Algunas utilidades son los resultados previsibles de la excelencia operativa. Otras utilidades pueden ser situacionales, debidas a alguna oscilación en el mercado de un bien o servicio. Aumentar las utilidades operativas es la principal responsabilidad fiscal del gerente y de los miembros del equipo.

- Desarrollar la mentalidad de ser un generador de utilidades es un enfoque muy diferente de hacer negocios que el de un captador de utilidades. La ingeniería financiera es generalmente un juego a corto plazo, mientras que la obtención de beneficios es la creación de una rentabilidad sistemáticamente previsible. La maximización de utilidades con una sola mentalidad acaba por socavar la capacidad de obtener rentabilidades sostenibles.

- Hemos tenido éxito cultivando una empresa de generadores de utilidades. Aunque destacamos en ello, siempre hay margen de mejora.

SMART MOVE 40

Sepa lo que se entiende por utilidades.

El economista ve las utilidades como el resultado esencial de una empresa que la sostiene y le permite prosperar. El sociólogo ve la organización en términos humanos y se fija en su contribución para hacer del mundo un lugar mejor. El contador informa sobre una relación matemática. Hemos reconciliado las tres perspectivas en un único y cohesivo significado y satisfacción de las utilidades.

SMART MOVE 41

Logre que se produzcan utilidades.

Permita que las personas ganen honestamente al dar servicio a los demás. La responsabilidad sobre las utilidades y las pérdidas debe extenderse por toda la empresa para que las utilidades sean posibles para todos los que integran el Triángulo.

CAPÍTULO 12

AUMENTO DEL PRECIO DE LAS ACCIONES: *¿CÓMO SE MIDE LA SOLIDEZ DE LA EMPRESA?*

La mayoría de las personas se interesan por las acciones cuando todos los demás lo hacen. El momento de interesarse es cuando nadie más está interesado. En mi empresa, no se puede optar por lo que es popular y obtener buenos resultados.

Warren Buffett, Director ejecutivo, Berkshire Hathaway

UN AUMENTO DEL PRECIO DE LAS ACCIONES ES EL RESULTADO DE UN ALZA (O DE UN ALZA PERCIBIDA) DEL VALOR SUBYACENTE DE LA EMPRESA. Un Aumento de las utilidades reales precede a un Aumento del precio de las acciones y aquello parecería ser el punto final de nuestra Ruta estratégica: que los inversionistas obtengan una revalorización de su inversión. De hecho, un Aumento del precio de las acciones es tan solo el principio. La salud financiera significa que la empresa está en condiciones de reinvertir en los empleados y en el modelo empresarial.

Previamente en este libro, hemos mencionado el Triángulo SMART Moves señalando que tanto los empleados como los inversionistas se benefician de una óptima solidez financiera. Como consecuencia de una mayor productividad, se pueden pagar salarios más altos. Se pueden

AUMENTO DEL PRECIO
DE LAS ACCIONES

Aumento del Precio
de las Acciones

Identificación de
Fortalezas

Aumento de las
Utilidades Reales

Estrategia de
Salarios Prósperos

Encaje
Perfecto

Crecimiento
Sostenible

Capacitación
Adecuada

Clientes
Comprometidos

Gerentes
Excepcionales

Empleados
Comprometidos

Grandes
Equipos

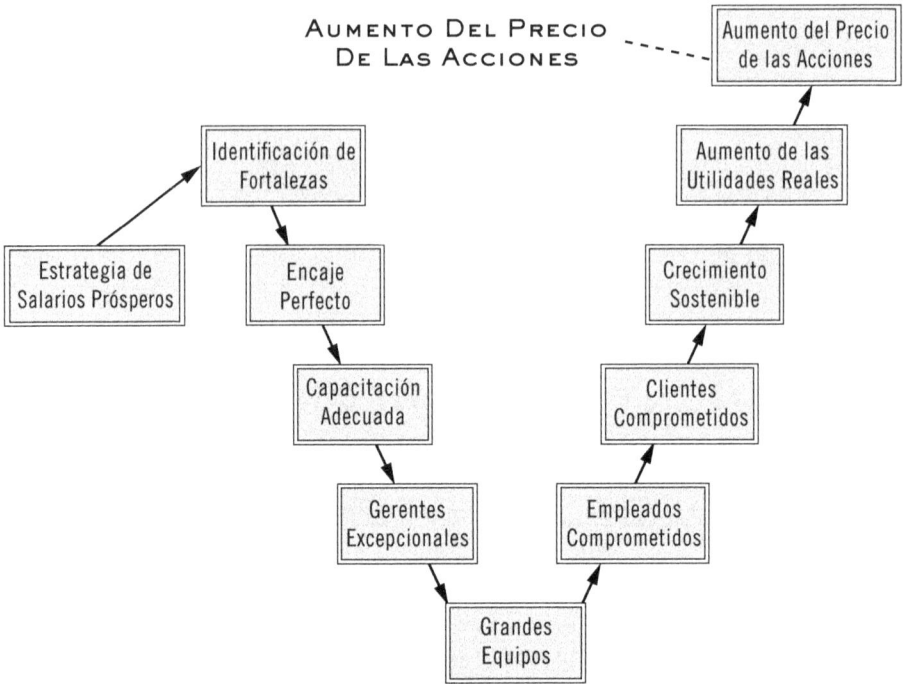

destinar mayores recursos a la expansión. Los precios de las acciones pueden seguir experimentando estabilidad y crecimiento. Los inversionistas que se adhieren a la visión del Triángulo SMART Moves (véase la página 190) son propensos a ser pacientes, estables y a contentarse con la revalorización a largo plazo. Se trata de una situación en la que todos salen ganando y que permite una posición financiera estable a la vez que proporciona un camino claro para el crecimiento.

LAS UTILIDADES DEL PODER DE LAS PERSONAS

En una "empresa al servicio", como la describe Henry Ford, las personas son lo primero. Es la única manera de que una empresa pueda materializar plenamente su potencial de utilidades. Si las personas no son lo primero, el potencial de utilidades se ve obstaculizado. Dirigir una empresa en función de su cotización bursátil actual es una receta para el desastre. Es como si un entrenador de fútbol se quedara fuera de la cancha y mirara solo el marcador. Así no se puede llevar a un equipo a la victoria. Hay que observar y guiar el terreno de juego para que el equipo pueda anotar goles en el marcador. Las personas son la fuente de la verdadera victoria, por lo que prestamos mucha atención a contar con el mejor personal.

El Aumento del precio de las acciones suele ser una medida de valor para los inversionistas porque los accionistas son los beneficiarios obvios. De hecho, el precio de las acciones es también una medida indirecta de los esfuerzos colectivos de la empresa tal y como los entiende el público (en el caso de una empresa que cotiza en bolsa).

El Crecimiento sostenible y el Aumento de las utilidades reales son los predecesores del Aumento del precio de las acciones. Cuando las personas y las utilidades están en crecimiento, estamos ante una combinación ganadora y segura. Nuestro panel de indicadores no es unidimensional, limitado a estados financieros y proporciones. En su lugar, nuestros indicadores incluyen el compromiso de los empleados y los clientes según las encuestas de Gallup Consulting. La prioridad que damos a estas valoraciones de las personas nos hace destacar. Los servicios prestados por Gallup nos han permitido perfeccionar y definir estándares en el aspecto, por lo demás enigmático, de los negocios: dirigir a las personas y dar servicio a los clientes.

La auditoría de Gallup realizada a los miembros de nuestro equipo es una herramienta de gestión tan importante como la auditoría financiera realizada por nuestros expertos en contabilidad. El estado de nuestros empleados es el mejor indicador de la solidez de nuestra empresa, de nuestra prosperidad y, en última instancia, de nuestro potencial financiero. Medir el compromiso proporciona información y conocimientos que ayudan a centrar nuestra organización para que podamos alcanzar una posición de clase mundial. Antes de Gallup, sabíamos que las destrezas de nuestra gente eran sólidas, pero no

podíamos medir las estadísticas de compromiso de nuestros empleados y clientes; ahora podemos tratar con datos, no con opiniones.
Gallup nos ha proporcionado herramientas claras y contundentes, así
como medidas y perspectivas para que sepamos de manera cuantifi-
cable cómo nos va como empresa y en comparación con las mejores
empresas del mundo. El Aumento del precio de las acciones es un
resultado importante y una medida del éxito de una empresa, pero es
esencial recordar lo que realmente impulsa esas utilidades: las personas que están detrás de cualquier organización.

FUNDAMENTOS Y MODA

Mientras que las empresas privadas se centran en prácticas empresariales sólidas para generar utilidades, las empresas que cotizan en bolsa y
el precio de sus acciones dependen más de los fundamentos y la moda.
Los sectores del mercado, las industrias y las empresas ganan y pierden
popularidad en Wall Street por razones sólidas y tangibles, así como por
motivos puramente psicológicos. Los estados de ánimo fluctuantes del
mercado repercuten en el precio de las acciones de una empresa, pero
en su mayor parte escapan al control de esta. El precio de las acciones
es evaluado constantemente por los inversionistas, por lo que puede
resultar difícil para la gestión empresarial comunicar el valor real. Hasta
cierto punto, sin embargo, las percepciones pueden manejarse a través
de las comunicaciones, las relaciones públicas, el marketing y las relaciones con los inversionistas.

Al margen de que una empresa sea privada o pública, despojémonos
de las percepciones y modas de los mercados bursátiles y profundice-
mos en los fundamentos financieros. En este sentido, la medida del
precio de las acciones que cuenta la historia más franca de una empresa
es el valor contable por acción. Este precio interno de las acciones, si se
quiere, elimina las percepciones y preferencias del mercado y se ocupa

de los números en su estado puro. Incluso entonces, hay que ser cauto a la hora de separar el Aumento de las utilidades reales en el patrimonio neto de las utilidades cosméticas o extraordinarias. Teniendo en cuenta esta advertencia, si la cotización del valor contable aumenta, entonces el valor de las acciones en el mercado, en teoría, debería subir. El precio de las acciones en el mercado y el precio del valor contable no siempre están sincronizados, debido a las diferentes valoraciones y necesidades de los inversionistas, pero en general están alineados.

Desde el punto de vista operativo, tenemos una mentalidad empresarial de rentabilidad por caja. Nos centramos en los aspectos básicos de la rentabilidad por tienda. Esta medida simple y directa mantiene nuestra atención dentro de unos límites manejables. En conciencia, los fundamentos deben ser la primera orden del día si queremos que nuestro valor contable aumente. Nuestro segundo orden del día, entonces, es presentarnos de un modo preciso e inteligente para que los inversionistas aprecien quiénes somos, hacia dónde nos dirigimos, cómo pretendemos llegar allí y qué valoramos como importante para triunfar. Queremos ser una empresa que ofrezca el filete junto a las chispas, no solo las chispas sin carne de verdad.

En vista de ello, nuestra Ruta estratégica ofrece un compromiso tanto para nuestros empleados como para nuestros inversionistas: un plan básico para el éxito. Esperamos que se nos responsabilice de este plan para lograr el Aumento del precio de las acciones; así es como nos aseguramos de que nuestro negocio sea sólido y de que los integrantes de nuestro Triángulo cosechen los beneficios. Nuestra Ruta estratégica ordena e integra las causas subyacentes de la obtención de utilidades en lugar de caer presa de las maniobras más obvias pero potencialmente perjudiciales de la obtención de utilidades. En pocas palabras, nuestra empresa se ocupa de atraer a los empleados perfectos que se preocupen por los Clientes perfectos. Esto proporciona a nuestros inversionistas y al público un aporte de utilidades y servicio de clase mundial, respectivamente.

RESUMEN DEL CAPÍTULO

PUNTOS CLAVE

- El precio de las acciones es una función tanto del valor real como del percibido. En las empresas privadas, el valor real de la empresa se genera a partir de las utilidades netas de operación, y la buena gestión empresarial es el centro de atención. En las empresas públicas, donde el precio de las acciones está siendo evaluado momento a momento por inversionistas con motivaciones e incentivos a menudo diferentes a los de la empresa, la importancia de comunicar el valor real aporta un nivel añadido de responsabilidad a la gestión empresarial.

- Nuestra Ruta estratégica nos permite aumentar las utilidades reales de modo constante. Las percepciones son desafiantes a la hora de gestionarlas, incluso entre nuestros inversionistas privados. Sin embargo, los resultados son siempre el mejor ataque y la mejor defensa para manejar el valor percibido. Esto garantiza que el precio de las acciones sea más representativo del valor.

CAPÍTULO 13

"EL VERDADERO SENTIDO DE LA VIDA": *¿POR QUÉ PREOCUPARSE TANTO POR LOS MIEMBROS DEL EQUIPO?*

Las grandes empresas que perduran no existen simplemente para producir rentabilidad a los accionistas. De hecho, en una empresa realmente excepcional, las utilidades y el flujo de caja se convierten en la sangre y el agua de un cuerpo sano: Son absolutamente esenciales para la vida, pero no son el verdadero sentido de la vida.

Jim Collins, *Good to Great* (*De bueno a genial*)

JIM COLLINS ES LO SUFICIENTEMENTE AUDAZ COMO PARA DIRIGIR NUESTRA ATENCIÓN A LA PREGUNTA ESENCIAL: ¿CUÁL ES EL VERDADERO SENTIDO DE LA VIDA? y lo suficientemente sabio como para decirnos que las utilidades y el flujo de caja no lo son. Nos da a entender que hay algo más, pero no llega a decirnos cuál podría ser ese punto. La respuesta, por supuesto, varía de una persona a otra.

La perspectiva de cada uno repercutirá en cómo trate esa persona a los demás. Cuando una persona valora de verdad a los demás, aporta optimismo y respeto. Esta sensación general de bienestar se traduce en sentimientos de valor, seguridad y confianza. Esto, a su vez, proporciona una base ideal para formar equipos positivos y productivos.

El trabajo es importante para las personas. Un líder positivo y productivo puede alinear las necesidades de los empleados rápidamente para crear un equipo productivo al comprender simplemente por qué es importante el punto de la vida para todos. Cuando se ha hecho la contratación siguiendo el mantra "excelencia en cada función" y los empleados tienen la capacitación adecuada, están plenamente comprometidos y son competentes. ¿Cuál es el verdadero beneficio en este aspecto? Conservarán este enfoque durante el transcurso de su empleo, y su empresa será la mejor del mercado.

MARCAR LA DIFERENCIA MIENTRAS SE OBTIENEN UTILIDADES

Con demasiada frecuencia, las empresas contratan a aquellos que no son los más adecuados para el trabajo que se debe realizar. El resultado es que muchos de estos empleados se unen a la sociedad de los miserables y la rentabilidad resulta afectada. Si se contrata en busca de la excelencia en cada función, se logrará superar este obstáculo y los empleados podrán sentirse a gusto obteniendo utilidades a la vez que dan servicio a los clientes de manera positiva y productiva. No habrá lugar para aquellos que se quejan de que no vale la pena trabajar en su empresa.

Los empleados quieren marcar la diferencia. Esto es, sin duda, "el verdadero sentido de la vida". En realidad, es fácil ayudarlos a lograrlo cuando están comprometidos y la empresa les proporciona las herramientas adecuadas para realizar el trabajo. Al mismo tiempo, la empresa debe comprobar continuamente los niveles de compromiso de los empleados, preguntándoles cómo se sienten con su trabajo y si disponen de las herramientas adecuadas para realizarlo. También es muy importante elogiar cuando haya motivos para ello y dar ánimos cuando las cosas no salgan como se esperaba.

Al trabajar en una empresa concebida para obtener utilidades, los Empleados comprometidos verán claramente "el verdadero sentido de la vida". La rentabilidad de su empleador les permite ganar y desempeñar su función como buenos ciudadanos en su comunidad. Aquellos que no son positivos respecto a la rentabilidad que obtiene su empleador no son el Encaje perfecto; deberían abandonar la empresa para trabajar para un empleador diferente en un entorno distinto.

Uno de los elementos clave es abstenerse de captar utilidades y mantenerse constante en la idea de generar utilidades. Hay una diferencia, y es una muy importante. La captación de utilidades es típica de las empresas en las que los empleados están mal remunerados y no se les reconoce la calidad del trabajo que realizan. Los líderes empresariales que se centran en la captación de utilidades se alejan literalmente de la excelencia en sus operaciones. Olvidan que su gente, los empleados, son los que marcan la diferencia.

NUESTRO NEGOCIO SON LAS PERSONAS

A menudo me preguntan: "¿A qué se dedica su empresa?". Yo respondo que estamos en el negocio de las personas. Esta noción nos ha servido bien y forma parte inherente de nuestra Ruta estratégica. Estamos posicionados para seguir obteniendo rentabilidad de la manera adecuada porque sabemos que el negocio gira en torno a las personas y que todo lo demás, *todo*, no son más que detalles. Producimos el máximo valor para los demás con el fin de ganar nuestra parte de las utilidades. Y funciona. Es una situación beneficiosa para todas las personas con las que entramos en contacto.

Hay quien piensa que "el verdadero sentido de la vida" no tiene cabida en un negocio. Entiendo su manera de pensar; simplemente no estoy de acuerdo con ella. El trabajo es importante para las personas, y hemos diseñado un modo de alinear a nuestros equipos con un trabajo significativo y rentable.

En definitiva, la creación de empresas no es más que la creación de personas. Sin trabajadores comprometidos, ninguna empresa tendrá éxito. Así pues, "el verdadero sentido de la vida" podría definirse sencillamente como contar con las personas adecuadas en el puesto adecuado.

El bienestar y la amabilidad son cualidades que no se pueden encender o apagar en una persona. O son reales o no lo son. Hemos erradicado de nuestra empresa el comportamiento descortés, de modo que nos hemos quedado con personas correctas y educadas que son acogidas por su bondad, por lo que son, por lo que pueden aportar y por cómo pueden expresarse mejor al servicio de los demás y de los clientes. Esto es lo que significa tener a las personas adecuadas en el puesto adecuado.

Todo esto nos lleva a preguntarnos: ¿Cuál es la función del trabajo en la vida de las personas, empleados, clientes e inversionistas? Aunque va mucho más allá del alcance de este libro, sigue siendo una pregunta esencial que afecta a todas las personas. Cuando un empresario ignora esta pregunta y su impacto en el lugar de trabajo, se convierte en una mala práctica de gestión empresarial. No se trata de idealismo ni de teoría; es la vida en su aspecto más fundamental y práctico. Cuando el trabajo aporta expresión a la vida, la vida es positiva y productiva . . . y la empresa es la beneficiaria residual.

Pocos dirigentes de empresas manifiestan abiertamente que no valoran a las personas, pero a menudo estas no son más que simples peones en su juego de negocios. Sin embargo, tanto las acciones como las palabras pueden revelar una actitud elitista de "nosotros y ellos" (SMART Move 21). Para estos líderes, la elevada rotación de personal es un costo aceptado a la hora de hacer negocios, porque "rotar y quemar" los recursos humanos no es diferente a cualquier otro recurso que la empresa haya adquirido y vendido. Los artículos de oficina, la electricidad y las personas se consideran rubros contables en la declaración de ingresos, que deben adquirirse lo más barato posible para obtener utilidades.

El elitismo, sin embargo, no se limita a las personas que se sientan a la mesa de la sala de juntas. En el contexto del sistema de libre empresa, se necesitan dos participantes para entablar este moderno abrazo feudalista: los jefes y los trabajadores. Cada grupo tiene intereses propios y desconfía de los motivos del otro. Han alcanzado una paz tenue que se mantiene unida tan solo por la ventaja individual. El acuerdo es puramente comercial, en el peor de los sentidos. La contaminación emocional se filtra destructivamente por todos los rincones del lugar de trabajo. La empresa se divide y todos pagan el precio.

Durante décadas, la gente se ha preguntado: "¿Tiene acaso que ser así?". Nuestra Ruta estratégica ofrece una alternativa rentable y con sentido. Espero que otros, tanto dentro como fuera de nuestra empresa, descubran una manera de desarrollar el trabajo que hemos iniciado. No es perfecto, pero sin duda está produciendo grandes resultados.

IDEOLOGÍA FUNDAMENTAL

A lo largo de las páginas de este libro, ha conocido a personas increíbles. Según Gallup, nuestro equipo es una de las fuerzas laborales más comprometidas del mundo, con respecto a todas las industrias y sectores. Este hecho no deja de sorprender a la gente, tanto en el ámbito social como en el empresarial. No dejan de preguntarme: "¿Cómo lo consiguen?".

Es realmente tan sencillo, tan básico: valoramos a las personas: compañeros de equipo, clientes e inversionistas. Esa es nuestra ideología fundamental. Porque valoramos a las personas, nos dedicamos a construirlas en lugar de derribarlas. La mayoría de nosotros queremos marcar la diferencia con nuestras vidas, pero poner en práctica ese deseo puede resultar confuso, especialmente en el lugar de trabajo. En cambio, muchos persiguen el trabajo que paga más dinero en lugar de uno que satisfaga su propósito personal. Este enfoque comprometido de negarse a uno mismo por amor al dinero es una traición, por todas las razones equivocadas.

Nos preguntamos: ¿por qué no perseguir utilidades y propósitos con vigor? Lo más lógico, sin duda, es que las personas que trabajan en función de sus fortalezas, en una posición de Encaje perfecto y obteniendo las recompensas de una remuneración próspera por su rendimiento, tengan el potencial de activar los resultados. Nuestra Ruta estratégica es revolucionaria y contrasta drásticamente con las normas tan comprometidas de hacer negocios en el mundo empresarial estadounidense, especialmente en los sectores minorista y de servicios. La gente estará a la altura de la excelencia cuando se le dé la oportunidad adecuada, un poco de dirección e incentivos mutuamente beneficiosos. Sin embargo, por muy importante que sea nuestra Ruta estratégica, sigue siendo tan solo un mapa organizativo para quienes dirigen y forman a nuestra gente. Este dispositivo de desarrollo aún debe perfeccionarse en manos de personas que valoren auténticamente a los demás y se esfuercen por impulsar su éxito.

Cuando leyó por primera vez acerca de nuestra Estrategia de salarios prósperos, quizás se mostró escéptico. Supongo que ahora la lógica de esta estrategia se habrá hecho evidente. De hecho, como empresa responsable, ¿tenemos realmente otra opción? Nuestro enfoque en materia de remuneración comunica de entrada que valoramos a las personas de manera diferente a como lo hacen la mayoría de las empresas. Remuneramos a las personas adecuadas para que se unan a nuestro equipo. Esto envía un mensaje claro y convincente a los futuros y actuales miembros del equipo. A continuación, invertimos mucho y con regularidad en la capacitación de los miembros de nuestro equipo para que alcancen el éxito en el trabajo, de modo que puedan obtener una recompensa aún mayor más allá de su salario por hora. El servicio, el respeto y la recompensa son poderosos aliados del rendimiento y la satisfacción personal. Verdaderamente cada puesto es importante (SMART Move 20), porque cada persona es valorada.

Nuestra Ruta estratégica nos permite predicar con el ejemplo: Decimos que valoramos a las personas y actuamos coherentemente. El salario monetario y los excelentes beneficios son tan solo el principio de nuestro paquete salarial. Contar con un gerente comprometido con su éxito en la vida y en el trabajo es otro elemento de ese paquete que no tiene precio. Para las personas que son el Encaje perfecto, aceptamos extraordinariamente las peculiaridades, siempre que estén aumentando sus fortalezas y su rendimiento. Esta mejora de la autoconciencia y de la seguridad financiera libera a los miembros de nuestro equipo para entrar más de lleno en su "verdadero sentido de la vida". En lugar de amontonar los escombros del descontento laboral en la vida de un empleado, nuestro impulso hacia el rendimiento logra quitar las capas superficiales de pintura protectora para llegar hasta la persona auténtica. Menos obstáculos para alcanzar el éxito en el trabajo posicionan a nuestra gente para un mayor éxito en sus puestos de trabajo y también como miembros que contribuyen a la sociedad.

El libro de Collins y Porras *Built to Last (Creadas para durar)* fue un *best seller* empresarial a nivel nacional. El siguiente libro de Collins, *Good to Great (De bueno a genial),* es igualmente apreciado en la comunidad empresarial. En el capítulo 9, titulado "De *De bueno a genial* a *Creadas para durar*", Collins proporciona el vínculo esencial entre los títulos de sus dos libros de negocios más vendidos. Como lector, cuando un autor se toma este esfuerzo para conectar sus obras, me levanto y tomo nota: Tenemos aquí algo realmente especial. En la página 215 hay una sección titulada: "Ideología fundamental: La dimensión adicional de las empresas duraderas". Collins escribe:

Esa dimensión adicional es una filosofía que sirve de guía o una "ideología fundamental" [que] se compone de los valores fundamentales y el propósito fundamental (la razón de ser, más allá de ganar dinero). Se asemejan a los principios de la Declaración de Independencia ("Sostenemos que estas verdades son evidentes por sí mismas"): que nunca se siguen a la perfección, pero siempre están presentes como un patrón inspirador y una respuesta a la pregunta de por qué es importante que existamos.

En otras palabras, el propósito y los valores fundamentales son los denominadores comunes de una empresa realmente concebida para durar y que puede pasar de ser buena a ser genial.

Nuestra Ruta estratégica es nuestro medio para ayudar a cada persona a pasar de lo bueno a lo genial *y* a crearse para durar. Es un camino personal hacia la excelencia en primer lugar para las personas, antes de convertirse en un poderoso sistema empresarial. Sin embargo, permanecería inerte sin nuestra ideología fundamental, nuestra cultura empresarial, de la que hemos hablado a lo largo del libro y que se describirá con más detalle en el capítulo final. Nuestra cultura y nuestra Ruta estratégica siempre giran en torno a las personas.

Estoy orgulloso de que nuestra empresa brinde una experiencia transformadora a las personas, para crear prosperidad tanto en sus bolsillos como en su propósito. Cuando me enfrenté a la monumental tarea de poner en marcha y construir esta empresa allá por 1994, no existía una Ruta estratégica. Tenía un noción acerca de un modo diferente y mejor de hacer negocios, pero me guiaba más por el instinto que por los conocimientos. Mi gran hábito por la lectura favoreció mi comprensión. No habría podido articular necesariamente esta última intención, pero en retrospectiva lo veo con claridad: El objetivo de una empresa no es obtener utilidades por el hecho de generar dinero, sino convertirse en una corporación al servicio de los demás. Las empresas no son más que una manera de organizar a las personas de modo que se unan con una ideología fundamental para mejorar el universo de las vidas que tocan a lo largo del Triángulo SMART Moves, y a lo mejor incluso, para crear un efecto dominó más allá de aquello. Para beneficiar a los empleados, a los clientes y a los inversionistas, un motivo robusto y sano de generar utilidades es el combustible esencial de alto octanaje en el motor de alto rendimiento de la transformación.

EL ORGANIGRAMA DE FALLAS

Con la ventaja que nos ofrece nuestra Ruta estratégica, ahora veo a otras organizaciones de un modo diferente. Hay una falla de diseño que paraliza a la mayoría de las empresas, y tiene que ver con el organigrama, ese simple documento de una página que muestra las relaciones internas de los empleados. El organigrama tiene una función, téngalo en cuenta; debe servir para definir las líneas funcionales de responsabilidad, y punto. Más allá de eso, corre el riesgo de ser un documento desorientador y causante de divisiones.

En definitiva, el objetivo de la empresa es servir a las partes del Triángulo y al bien público. Sin embargo, las empresas suelen organizarse por funciones. Observe un organigrama. Verá al presidente y director ejecutivo, con ramas por debajo para jefes y vicepresidentes, incluyendo altos cargos como el director de operaciones, el director financiero y el director de información, además de puestos como el de vicepresidente de marketing y vicepresidente de recursos humanos. Por naturaleza, cada persona tiene una responsabilidad funcional, la experiencia para respaldarla y un punto de vista que la acompaña. Sin embargo, hay un problema con esta representación de la empresa. La propia estructura de la organización crea silos de perspectivas con interés propio que van en contra de las razones fundamentales para reunir todo este talento en un lugar: dar servicio a los que están dentro del Triángulo. Cuando la función prima sobre las personas, la empresa se quedará inevitablemente corta en términos de servicio y potencial de utilidades.

La mayoría de las personas gravitan hacia el orden, la estabilidad y la seguridad. Por lo tanto, si el organigrama es la mejor representación de cómo están organizados dentro de la empresa, entonces estas relaciones están dominadas por la función. Concéntrese en cambio en nuestra Ruta estratégica y descubrirá que los equipos funcionales están organizados en torno a lo que realmente importa: unir a todas las personas del Triángulo para conseguir una victoria desde el propio punto de vista de cada uno. Cada persona tiene una función definida de contribuir a un todo mayor en lugar de limitarse a aportar un único punto de vista funcional. Vivir la Regla de oro (SMART Move 32) es en realidad el resultado más gratificante, siempre que se entienda que la parte "los demás" son cada uno de los participantes alrededor del Triángulo. Teniendo esto claro, cada persona orienta su talento hacia la esencia del negocio y no hacia una estrecha especialidad funcional. La integración y el trabajo en equipo tienen prioridad sobre la pericia y el ámbito funcional.

A falta de nuestra Ruta estratégica o algo parecido, la única persona encargada de la integración empresarial es el presidente y director ejecutivo. En resumen, el director ejecutivo se convierte en el gran coordinador y conductor del negocio. Ese es un modelo altamente ineficaz e ineficiente, y sin embargo sigue siendo la jerarquía tradicional vigente hoy en día. Todo el mundo se centra tanto en mirar hacia arriba y hacia abajo en la escala organizativa para tomar decisiones y políticas que se olvidan de mirar a los ojos de sus compañeros de equipo y clientes ... o incluso dentro de sí mismos. "Ese no es mi trabajo" es la frase asesina que indica miopía funcional.

En presencia de nuestra Ruta estratégica, cada persona tiene una comprensión profunda de la manera y la razón por la que su trabajo contribuye al bienestar de los demás componentes a lo largo del Triángulo. El esfuerzo individual es rastreable hasta el rendimiento corporativo en un momento tipo "círculo de la vida", en el que todo está conectado con todo lo demás. La persona reflexiva lo entiende: "Tengo un trabajo que hacer. Otros dependen de mí, y si no hago mi trabajo con una excelencia creciente estoy estropeando el sistema. No puedo defraudar a mis amigos, a mis compañeros y a mis clientes. Y lo que es más importante, quiero demostrarles lo bien que puedo rendir según las costumbres de nuestra cultura".

A los miembros del equipo se les selecciona y capacita para tomar decisiones sobre la marcha y para ser empresarios profesionales. Toda nuestra organización se mueve con más fluidez y produce con más abundancia. Esta reorientación e integración del talento de las personas, junto con la capacitación, las herramientas y los recursos, crea una alineación y un ciclo productivos en torno al Triángulo, lo que se traduce en un Aumento de las utilidades reales que se refleja en un Aumento del precio de las acciones. La riqueza de la nación aumenta y cada persona puede ver su contribución individual al bien mayor.

Ahora que hemos cubierto el recorrido de nuestra Ruta estratégica, pongámoslo en contexto. El recuadro final de nuestra gráfica, Aumento del precio de las acciones, no representa necesariamente un punto final, sino más bien un resultado que refleja lo bien que hemos ejecutado y alineado los fundamentos a lo largo de toda la Ruta estratégica. Este enfoque tan definido y meticulosamente diseñado comienza con una premisa sencilla: valoramos a las personas. Esto, para nuestra empresa, es "el verdadero sentido de la vida". Es una visión optimista del deseo inherente de una vida abundante, el deseo de cosechar recompensas siendo fiel a la integridad personal. A través de un proceso de crecimiento de la competencia y la confianza, las personas viven al máximo de su potencial y cosechan las recompensas de su éxito haciendo lo correcto y de manera correcta.

El lugar en el que hoy nos encontramos, como empresa y como personas inextricablemente vinculadas a esa empresa, se debe a nuestra Ruta estratégica. No puedo imaginar en qué estado estaríamos si no la tuviéramos. Nuestro equipo es el más competente, amable y productivo que el mundo haya visto jamás. Como resultado de ello, somos los más rentables del mundo en nuestra industria a nivel de tiendas. Primero, valore a las personas; posteriormente, las personas le devolverán la amabilidad y las utilidades. Este es, por tanto, "el verdadero sentido de la vida".

RESUMEN DEL CAPÍTULO

PUNTOS CLAVE

- En definitiva, la creación de empresas es la creación de personas. Por muy fácil que sea quedar atrapado en las disciplinas de la empresa, como el marketing, las finanzas, las operaciones, los recursos humanos, etc., las personas son la ventaja decisiva.

- El trabajo es una parte importante de la vida, pero no es "el verdadero sentido de la vida". El valor que uno atribuye a las personas es la pregunta decisiva: ¿Son engranajes de la industria o cocreadores en el desarrollo de un bien o un servicio?

- La ideología fundamental sirve de base para el diseño, el desarrollo y el funcionamiento de la empresa. Nuestra Ruta estratégica es indicativa de nuestra alta estima del valor inherente de las personas. Nos proporciona un camino claro para garantizar que tenemos a bordo a las personas más calificadas y comprometidas con nuestra causa común.

CAPÍTULO 14

PALABRAS FINALES: *¿CÓMO EL HECHO DE QUE "TODO SEA POR LAS PERSONAS" CONDUCE A UN RENDIMIENTO Y UNA RENTABILIDAD CONSTANTES?*

Una empresa debe tener una ideología fundamental para convertirse en una empresa visionaria. También debe tener un impulso implacable hacia el progreso. Y, por último, debe estar bien concebida como organización para preservar el núcleo y estimular el progreso en la que todas las piezas clave funcionen de manera alineada. Estos son los requisitos universales de las empresas visionarias.

James Collins and Jerry Porras, *Built to Last (Creadas para durar)*

EN EL CAPÍTULO 1, ABORDAMOS LA PREGUNTA, ¿CÓMO LOS CONSIGUEN? Los clientes siempre quieren saber cómo conseguimos resultados de clase mundial sin dejar de satisfacer a nuestros empleados, clientes e inversionistas. La respuesta, en una frase, es la siguiente: Contratamos a nuestra gente empleando la ciencia y la mantenemos unida mediante el liderazgo y la cultura. Nuestra Ruta estratégica es nuestra ciencia y, en este capítulo final, dedicaremos toda nuestra atención a la cultura de nuestra empresa.

Collins y Porras abren su libro con los "requisitos universales" que debe cumplir una empresa para ser duradera. Tomando prestados sus términos, nuestra Ruta estratégica es nuestro medio para preservar nuestro núcleo, estimular el progreso y alinear todas las piezas clave del negocio. Aborda tres de sus cuatro requisitos para ser una empresa visionaria. El cuarto requisito es la ideología fundamental; nos referimos a ella como nuestra cultura. Permítame darle una idea de nuestra intención estratégica fundamental: no solo sobre cómo hacemos negocios sino, lo que es más importante, por qué los hacemos y qué es lo que guía nuestras decisiones.

Nuestra Ruta estratégica y nuestra cultura de empresa explican por completo el Triángulo SMART Moves comentado en el capítulo 1 y describen claramente lo que impulsa nuestro rendimiento constante a niveles de rentabilidad sin precedentes. Uno sin el otro es ineficiente e ineficaz. Veamos esta analogía: Si nuestra Ruta estratégica es una serie de cajas de conexión de electricidad conectadas por cables, entonces nuestra cultura es la fuente de energía principal: la electricidad que circula por el cable mayor. El grado en que cada una de ellas mantenga su integridad y esté sincronizada con la otra determinará el rendimiento potencial de nuestra empresa.

La energía necesita un conducto para irradiar su propósito. La cultura es la energía, y nuestra Ruta estratégica es el cable. Por separado, cada uno tiene una capacidad latente; juntos, pueden encender a nuestra gente, a nuestra empresa, a nuestra industria, al mundo. Nuestra cultura, por tanto, debe ser no solo enérgica sino también estable. Nuestra Ruta estratégica debe ofrecer integridad de diseño y altos estándares de construcción. Si cualquiera de los dos flaquea, todo el sistema sufrirá un cortocircuito y no logrará alcanzar su capacidad.

¡La cultura sí que importa! Cada empresa tiene una cultura y un modelo empresarial, independientemente de su nivel de mentalización. Un modelo ad hoc o hecho a la ligera impide el progreso y genera despilfarro. Del mismo modo, una cultura de bajo voltaje no puede hacer que la empresa se encienda y dé resultados. Una cultura vacilante produce una energía deficiente llena de subidas y bajadas de tensión imprevisibles. Si no articulamos la ideología fundamental corremos el riesgo de que se produzcan caídas de tensión o de que se fundan los fusibles a lo largo de nuestra Ruta estratégica. Cualquiera de estas condiciones interrumpe los resultados.

Nuestra cultura depende de los altos estándares y de la sólida construcción de nuestra Ruta estratégica. Un cable defectuoso o frágil limita el rendimiento. Cuando hay grandes intenciones y poco ancho de banda y averías, la eficacia y la eficiencia se ven mermadas por la frustración. El crecimiento empresarial se atrofia y las utilidades se ven limitadas. Por otro lado, las personas pueden prosperar en una cultura corporativa sólida, fiable y muy definida que se comunica, refuerza y supervisa con regularidad. Ocurren cosas buenas cuando el modelo empresarial y la cultura están integrados de manera concisa.

Nuestra Ruta estratégica es *cómo hacemos lo que hacemos*. Está estructurada y diseñada por un propósito único, encaminada hacia una visión, a través de una misión estrecha y con valores para guiarla. La naturaleza lógica y lineal de nuestra Ruta estratégica es especialmente reconfortante para los que piensan con el hemisferio izquierdo del cerebro. Conocer las reglas del juego es la única manera de jugar limpio. Esta progresión ordenada de un paso a otro es difícil de construir, pero cuando se planifica con detenimiento, es predecible y factible. Sobre todo, es esencial darse cuenta plenamente de la capacidad de servicio y del potencial de utilidades inherentes a la oportunidad empresarial.

La cultura, por otra parte, trata de *quiénes somos*. Implica el poder en bruto de las personas para imaginar, soñar, innovar y alcanzar logros. No hay poder en el planeta mayor que el espíritu humano comprometido en un trabajo significativo. Una identidad y una dirección sacan provecho de lo que somos y de lo que hacemos para que podamos servir a un bien mayor.

La cultura es mística y fluye, se deja atrapar pero no retener. Permanece en gran medida inexplorada y sin explotar por la mayoría de los líderes debido a la naturaleza misteriosa de la humanidad. La cultura es corporativa y, sin embargo, profundamente personal. Adentrarse en la cultura es adentrarse en la vida de otra persona. Generalmente, para los líderes se trata de un lugar arriesgado, incómodo y poco natural. Se le tacha de "demasiado débil" y "sentimental". Nada más lejos de la realidad. ¿A quién se aplica el liderazgo? A las personas. Las personas son la esencia misma del liderazgo organizativo.

Sin embargo, el liderazgo se apoya en procesos y procedimientos. Nuestra cultura y nuestra Ruta estratégica bien pueden ser el mejor programa de desarrollo del liderazgo y gestión empresarial del mundo, sencillamente porque estos elementos de eficacia probada preparan al gerente y a su equipo para la franqueza, la honestidad y la confianza, todo ello dentro de nuestro sistema de estándares de alto rendimiento.

RENDIMIENTO QUE NUNCA ALCANZA SU NIVEL MÁXIMO

Decir que lo que más nos importa son las personas, empleados, clientes, inversionistas, suena noble, pero debemos dignificar nuestra intención con la acción. Nuestra Ruta estratégica es la parte estructural de hacerlo realidad; nuestra cultura de empresa es el aspecto humano. Por muy fuertes que seamos, aún estamos en la frontera de aprovechar el poder latente de nuestra gente. Una tienda nunca alcanza su nivel máximo de ganancias cuando un equipo tiene inspiración, innovación e incentivos personales. La cultura es la próxima gran fuente de progreso para cualquier empresa que genere utilidades, especialmente la nuestra.

La ideología fundamental sirve de base a la cultura de nuestra empresa del mismo modo que los principios de la Constitución sirven de base a la cultura estadounidense. Somos pioneros en nuestra empresa y en nuestra industria, no cartógrafos de todos los negocios, aunque tenemos una hoja de ruta que merece la pena seguir. Podemos trazar un rumbo productivo y rentable, gracias a nuestra Ruta estratégica. Sin embargo, se trata de un proceso de aprendizaje constante, no de un conjunto de pautas escritas en piedra. La cultura es dinámica y está viva porque tiene que ver con las personas.

Familiarizarse con nuestros empleados se inicia de manera informal y se convierte con el tiempo en una conversación más personal. Primero aprenden sobre nuestra Ruta estratégica: lo que realizamos en nuestro negocio. A lo largo del camino, a medida que pasamos tiempo juntos, llevamos la conversación a ese lugar más profundo: nuestra cultura de empresa, o quiénes somos en términos fundamentales. Les presentamos nuestra cultura a través de este enfoque natural de "conocer a alguien", empezando por nuestra misión, siguiendo por nuestra visión y los valores que la guían y terminando con nuestro propósito. La siguiente es una versión abreviada de nuestros puntos estratégicos: desde el trabajo que hacemos, pasando por cómo percibimos las cosas, hasta llegar a las entrañas y al corazón de nuestro negocio.

Misión de empresa (lo que hacemos): *¡Centrarse en ganar!*

- Ser la cadena de casas de empeño más rentable del mundo en términos de rendimiento de la inversión

- Tener una cultura abierta de confianza y responsabilidad entre los miembros de nuestro equipo

- Ofrecer el mejor servicio al cliente mediante la aplicación de los estándares en un 100%

- Contar con el personal mejor pagado y más adinerado de nuestra industria

Nuestra visión (lo que percibimos): *Somos los mejores del mundo.*

- Excelencia en cada puesto: las personas

- Verde y limpio: el lugar

- Cumplir con los presupuestos

Nuestros valores (lo que es importante a la hora de tomar decisiones).

- Aprendizaje
- Ejecución
- Pulcritud
- Celebración
- Amabilidad

Nuestro propósito (por qué hacemos lo que hacemos): *Cultivar la excelencia.*

Nuestro lugar en el mundo (la gran perspectiva): *La búsqueda de la felicidad.*

Nuestro mantra final y principal consiste en avanzar hacia la educación, no simplemente por el mero hecho de aprender, sino para garantizar una acción que permita que todos se beneficien y que contribuya a que la empresa genere utilidades. Recuerde, si no se puede actuar sobre determinada situación, probablemente no se debería perder el tiempo hablando de ella. Las personas que forman parte de su equipo y sus acciones lo dirán todo. Las utilidades están a su disposición.

BIBLIOGRAFÍA

Buckingham, Marcus, and Donald O. Clifton. *Now, Discover Your Strengths (Descubre tus fortalezas).* New York: The Free Press, 2001.

Buckingham, Marcus, and Curt Coffman. *First, Break All The Rules: What the World's Greatest Managers Do Differently (Primero, rompa todas las reglas: Qué diferencia a los mejores gerentes del mundo de los demás).* New York: Simon & Schuster, 1999.

Chernow, Ron. *Titan: The Life of John D. Rockefeller, Sr (Titán: La vida de John D. Rockefeller, Sr).* New York: Random House Inc., 1998.

Coffman, Curt, and Gabriel Gonzalez-Molina. *Follow This Path: How the World's Greatest Organizations Drive Growth by Unleashing Human Potential (¡Siga esta ruta! Cómo las mejores organizaciones del mundo logran crecer desarrollando el potencial humano).* New York: Warner Books, 2002.

Collins, James C. and Jerry I. Porras. *Built to Last (Creadas para durar).* New York: HarperCollins Publishers, 1994.

Collins, Jim. *Good to Great (De bueno a genial).* New York: HarperCollins Publishers, 2001.

Covey, Stephen R. *The 7 Habits of Highly Effective People (Los 7 hábitos de la gente altamente efectiva).* New York: Simon & Schuster, 1990.

Drucker, Peter F. *The Effective Executive: The Definitive Guide to Getting the Right Things Done (Eficacia ejecutiva. La guía definitiva para hacer lo correcto)*. New York: HarperCollins Publishers, 2006.

Ford, Henry. *Moving Forward (Avanzar)*. Reprinted. New York: Kessinger Publishing, 2003.

Ford, Henry. *My Life and Work (Mi vida y mi obra)*. Reprinted. New York: Kessinger Publishing, 2003.

Ford, Henry. *Today and Tomorrow (Hoy y mañana)*. Reprinted. New York: Productivity Press, 2003.

Holtz, Lou. *Wins, Losses, and Lessons (Victorias, derrotas y lecciones)*. New York: William Morrow, 2006.

Mansfield, Harvey C., trans. *The Prince: Niccolò Machiavelli (El Príncipe, Nicolás Maquiavelo)*. 2nd ed. Chicago: University of Chicago Press, 1998.

Ogilvy, David. *Confessions of an Advertising Man (Confesiones de un publicitario)*. 2nd ed. New York: Simon & Schuster, 1988.

Phillips, Donald T. *Lincoln on Leadership: Executive Strategies for Tough Times (Lincoln y el liderazgo: Estrategias ejecutivas para tiempos difíciles)*. New York: Warner Books, 1992.

Rath, Tom, and Donald O. Clifton. *How Full Is Your Bucket?: Positive Strategies for Work and Life (¿Cuán lleno está su balde? Estrategias positivas para el trabajo y la vida)*. New York: Gallup Press, 2004.

Reichheld, Frederick F., and Thomas Teal. *The Loyalty Effect: The Hidden Force Behind Growth, Profits, and Lasting Value (El efecto lealtad: Crecimiento, beneficios y valor último)*. Boston: Harvard Business School Press, 2001.

Smart, Bradford D. *Topgrading: How Leading Companies Win by Hiring, Coaching, and Keeping the Best People (Cómo ganan las empresas líderes contratando, formando y conservando a los mejores).* Rev. ed. New York: Portfolio, 2005.

Smith, Benson, and Tony Rutigliano. *Discover Your Sales Strengths: How the World's Greatest Salespeople Develop Winning Careers (Descubra sus fortalezas en ventas: Cómo los mejores vendedores del mundo desarrollan carreras ganadoras).* New York: Warner Books, 2003.

Wagner, Rodd, and James K. Harter, PhD. *12: The Elements of Great Managing (12: Los elementos de una gestión excepcional).* New York: Gallup Press, 2006.

Watson, Jr., Thomas J. *A Business and Its Beliefs: The Ideas That Helped Build IBM (Una empresa y sus credos: Las ideas que contribuyeron a formar IBM).* New York: McGraw-Hill Book Company, Inc., 1963.

Welch, Jack, with Suzy Welch. *Winning (Ganar).* New York: HarperCollins Publishers, 2005.

ACERCA DEL AUTOR

John Thedford sabe lo que cuesta triunfar en este mundo. Enseguida le dirá que "no todo es cuestión de saber, sino de hacer". Y es que ha sido un ejecutor desde que tiene uso de razón. Sus incansables esfuerzos lo han llevado al éxito, ya que ha creado empresas de clase mundial y ha sido reconocido por sus logros. Sin embargo, cree que su trabajo más valioso está aún por llegar.

Cuando John lanzó Value Financial, una cadena de casas de empeño de gran éxito, sus tiendas desafiaban el estereotipo de la casa de empeño típica. Limpias, rentables, repletas de gerentes y empleados con talento y muchos años de experiencia, eran verdaderos centros financieros para las comunidades a las que daban servicio.

John tiene un gran olfato para reconocer el talento y entiende el poder de tener a la persona adecuada en el puesto adecuado. Pocos años después de establecer Value Financial, John conoció a un ejecutivo de éxito en un negocio de alquiler de muebles y decidió reunir el capital para darle la oportunidad de dirigir su propia actividad de alquiler de muebles. Esta organización, Rent-Rite, fue citada como la número 4 por la revista *Inc.* en su lista anual de las 500 empresas de más rápido crecimiento de los Estados Unidos en 2003. Rent-Rite acabaría vendiéndose a Rent-a-Center.

Unos años después de la venta de Rent-Rite y cuando ya llevaba más de una década de éxito ininterrumpido, John vendió Value Financial Services. Su siguiente paso fue escribir *SMART Moves Management,* un libro práctico que explica detalladamente cómo puede cualquier líder emplear las técnicas más recientes y fiables para crear grandes equipos de gestión y de ventas. El libro explica claramente el modo en que Thedford se basó en los conceptos teóricos de la gestión empresarial y los incorporó a su organización de un modo práctico para producir resultados de primera categoría.